U0939045

珍藏本
纪念版

汉译世界学术名著丛书

敌基督者

——对基督教的诅咒

〔德〕尼采 著

余明锋 译

孙周兴 校

2017年·北京

Friedrich Nietzsche
DER ANTICHRIST
Sämtliche Werke, Kritische Studienausgabe in 15 Bänden
KSA 6: Der Fall Wagner u. a.

Herausgegeben von Giorgio Colli und Mazzino Montinari
2. durchgesehene Auflage 1988

本书根据科利/蒙提那里考订研究版《尼采著作全集》第 6 卷第 165—254 页译出，并根据第 14 卷补译了相应的编者注释。

汉译世界学术名著丛书
（120年纪念版·珍藏本）
出 版 说 明

2017年2月11日，商务印书馆迎来120岁的生日。120年前，商务印书馆前贤怀揣文化救国的理想，抱持“昌明教育，开启民智”的使命，立足本土，放眼寰宇，以出版为津梁，沟通中西，为中国、为世界提供最富智慧的思想文化成果。无论世事白云苍狗，潮流左右激荡，甚至战火硝烟弥漫，始终践行学术报国之志，无改初心。

迻译世界各国学术名著，即其一端。早在20世纪初年便出版《原富》《天演论》等影响至今的代表性著作，1950年代后更致力于外国哲学和社会科学经典的译介，及至1980年代，辑为“汉译世界学术名著丛书”，汇涓为流，蔚为大观。丛书自1981年开始出版，历时三十余年，迄今已推出七百种，是我国现代出版史上规模最大、最为重要的学术翻译工程。

丛书所选之书，立场观点不囿于一派，学科领域不限于一门，皆为文明开启以来，各时代、各国家、各民族的思想与文化精粹，代表着人类已经到达过的精神境界。丛书系统译介世界学术经典，引领时代思想，为本土原创学术的发展提供丰富的文化滋养，为推动中国现代学术和现代化进程做出了突出的贡献。

为纪念商务印书馆成立120周年，我们整体推出“汉译世界学术名著丛书”120年纪念版的珍藏本，寄望既利于文化积累，又便于研读查考，同时向长期支持丛书出版的译者、编者和读者致以敬意。

两甲子后的今天，商务印书馆又站在了一个新的历史时间节点上。我们不仅要铭记先辈的身影和足迹，更须让我们的步伐充满新的时代精神。这是商务人代代相传的事业，更是与国家和民族的命运始终紧密相连的事业。我们责无旁贷，必须做好我们这代人的传承与创造，让我们的努力和成果不仅凝聚成民族文化的记忆，还能成为后来人可以接续的事业。唯此，才能不负前贤，无愧来者。

商务印书馆编辑部

2017年10月

中文版凡例

一、本书根据科利/蒙提那里编辑的15卷本考订研究版《尼采著作全集》(Sämtliche Werke, Kritische Studienausgabe in 15 Bänden,简称"科利版")第6卷(KSA6:Der Fall Wagner u. a.)译出。

二、中文版力求严格对应于原版。凡文中出现的各式符号均予以保留。唯在标点符号上,如引号的运用,稍有变动,以合乎现代汉语的习惯用法。原版疏排体在中文版中以重点号标示。译文中保留的原版符号,需要特别说明的有:

/:表示分行。

[ ]:表示作者所删去者。

〈 〉:表示编者对文字遗缺部分的补全。

「 」:表示作者所加者。

[—]:表示一个无法释读的词。

[— —]:表示两个无法释读的词。

[— — —]:表示三个或三个以上无法释读的词。

— — — :表示不完整的句子。

[+]:表示残缺。

三、文中注释分为"编注"和"译注"两种。"编注"是译者根据科利版《尼采著作全集》第14卷第383—528页(对科利版第6卷的注解)译出的,作为当页注补入正文相应文字中,以方便读者阅读和研究。

四、科利版原版页码在中文版相应位置中被标为边码。“编注”中出现的对本书本内的文献指引,中文版以原版页码标示。由于中文版把原版单独成卷(第14卷)的“编注”改为当页脚注,故已没有必要标出原版为方便注释而作的行号。相应地,“编注”中出现的行号说明也予以放弃,而改为如下形式:×××××……],表明该“编注”涵盖的范围从×××××到该“编注”号码所标记之处。

五、中译者主张最大汉化的翻译原则,在译文中尽量不采用原版编注中使用的缩写和简写形式,而是把它们还原为相应的中文全称。原版编注中对尼采本人著作的文献指引(包括不同版本的文集、单行本)均以缩写形式标示,如以“JGB”表示《善恶的彼岸》,在中文版中一概还原为著作名;原版编注中对科利版《尼采著作全集》诸卷的文献指引,中文版均以中文简写形式“科利版第××卷”的方式标示;唯原版编注中对尼采不同时期手稿和笔记的文献指引,因内容解说过于烦琐,中文版也只好采用原版的简写法,并在书后附上“尼采手稿和笔记简写表”。

目　录

序　言[①] 167

这本书属于极少数人。也许,他们当中甚至还没人活在世上。他们可能是那些能够理解我的查拉图斯特拉的人:我怎么**可以**把自己与那些如今已经有耳朵来聆听他们的人混为一谈?——只有后天才是属于我的。有些人死后方生。

在何种条件下,人们才能理解我,进而**必定**得理解我〈,—〉对此,我知道得太清楚不过了。人们必须在精神事务上诚实到严厉

1

① 这个文本的前身是《偶像的黄昏》原先前言的第三段,而这个前言最初又属于《重估一切价值》的前言:3. /——但是德国人与我何干!我为极少数人写作、**生活**。他们无处不在,——他们又不在任何地方。要具备聆听我的耳朵,一个人首先得是一位**优秀的欧洲人**——然后还有一些条件!……在何种条件下,人们才能理解、进而必定得理解我的著作——一切既有作品中最严肃的作品——我知道得太清楚不过了。一种化为本能和激情的诚实,这种诚实为今日被称之为道德的东西而感羞耻。真理对于寻求真理的人而言是否有用、是否会招致不快或厄运,对这个问题抱着一种完全的冷漠,甚至恶毒。偏爱面对问题的力量,这些问题,当今无人有勇气去追问;直面禁区的勇气;通往迷宫的宿命。勇气的健康教义,体现在这句座右铭中:increscunt animi, virescit volnere virtus[胆量凭伤口生长,勇敢借伤口加强]。源于七重孤独的体验;聆听新音乐的新耳朵;观看最遥远之物的新眼睛;对于迄今为止保持缄默的真理具有新的良知。求伟大风格之经济学的意志:同时保有它的力量和热情……对自己的敬畏;对自身的爱;面对自己的无限制的自由……对于战争和胜利已经习以为常之人的开朗,——**也了解死亡之义的人**的开朗!……/好啦!这是我的读者,我恰当的读者,我必然的读者:其他人有什么关系呢?——其他人只是人类罢了。——定要通过力量、通过灵魂的**高度**超越于人类之上——通过藐视……塞尔斯·马利亚,上恩加丁/1888年9月3日。参看《偶像的黄昏》前言脚注。——编注

的地步，只为能够忍受我的严肃和我的激情。人们必须习于在高山上生活，——俯视政治和民族利己主义的可怜废话。人们必须变得漠然，从不问真理是否有用，是否会给一个人招致厄运……偏爱面对问题的力量，这些问题，当今无人有勇气去追问；直面禁区的勇气；通往迷宫的宿命[①]。源于七重孤独的体验。聆听新音乐的新耳朵。观看最遥远之物的新眼睛。对于迄今为止保持缄默的真理具有新的良心。还有求伟大风格之经济学的意志（Wille zur Ökonomie grossen Stils）：同时保有它的力量和热情……对自己的敬畏；对自身的爱；面对自己的无限制的自由……

好啦！只有这些人才是我的读者，我真正的读者，我注定的读者：其他人有什么关系呢？其他人只是人类罢了。——必须通过力量、通过灵魂的高度超越于人类之上，——通过藐视……

弗里德里希·尼采

① 迷宫。］付印稿：迷宫。［increscunt animi virescit volnere virtus（胆量凭伤口生长，勇气借伤口加强），这条座右铭所告诉我们的一种战争中的健康教义］；尼采删去这句话，很可能是在他写作《偶像的黄昏》前言最终一稿的时候；他在那里采用了这条出自格利乌斯（Aulus Gellius）的“座右铭”，参看科利版第6卷，第57页，第17行。——编注［译按：科利版编者所给出的页码是第62页，第17行。《偶像的黄昏》前言中的这句话应该在科利版第6卷，第57页，第17行，译者据此订正。］

1[1]

169

——让我们正视自己。我们是极北净土之人[2],——我们非常清楚,我们生活在多么遥远的地方。“无论是陆路还是水路,你都找不到通往极北净土之人的道路”[3]:我们的这个特点,品达早已明白。北方、冰雪和死亡的彼岸——**我们的**生活,**我们的**幸福……我们已经发现了幸福,我们认识路,我们发现了整个数千年迷宫的出口。**还有**谁发现了它?——莫非是现代人么?“我不知如何是好,所有不知如何是好的东西即是我”——现代人如是叹息……**这种**现代性——懒惰的和平、胆怯的妥协、现代人的肯定与否定在道德上全部的不洁净——曾让我们患病。这种心灵的容忍和宽阔(largeur)——“原谅”一切,因为它“理解了”一切[4]——于我们而言,是西罗科风[5]。与其在现代德性和其他南方暖风之下,

3

① 第1至第7节,原标题为“我们极北净土之人”,原为1888年8月26日所计划的《权力意志》的前言。——编注

② 原文Hyperboreer源自希腊语'Υπερβέρε(ι)οι,即传说中居住于Hyperborea(希腊文为'Υπερβορέα)的人,Hyper即“超越”,Borea是北风之神,Hyperborea就是“超越北方的地方”或“北方的彼岸”。那里的人不受疾病与死亡的困扰,和平宁静地生活着,因此我们把那地方译为“极北净土”,并把那里的人Hyperboreer译为“极北净土之人”。——译注

③ “无论……”]参看品达:《第十皮托凯歌》(*10. Phythischen Ode*),第19—30行。——编注

④ “原谅”一切……]付印稿:还召唤所有的孩子向它靠拢。——编注

⑤ 西罗科风(Scirocco)是地中海温暖的南风,与前述“极北净土”构成相对立的两极。——译注

不如在冰雪之中生活！……我们曾经足够勇敢，我们既不顾惜自己也不顾惜他人：但是许久以来，我们不知道该借着我们的勇气**向何处去**。我们变得郁郁寡欢，被人们称为宿命论者。**我们的命运**——它**曾是**力量的充盈、张满和积聚。我们曾经渴望雷电和行动，我们与弱者的幸福、与“顺从”保持着最远的距离……我们的空气中曾有暴风雨，我们的天性日渐阴郁——**因为那时我们没有道路**。我们的幸福公式：一种肯定，一种否定，一条直线，一个**目标**……[①]

170 ## 2[②]

什么是好？—— 一切提高人类的权力感、权力意志、权力本身的东西。

什么是坏？—— 一切源于软弱的东西。

什么是幸福？—— 感到权力在**增长**，感到一种阻力被克服。

不是满足，而是更多的权力；**根本不是**和平，而是战争；**不是**德性，而是卓越（Tüchtigkeit）（文艺复兴风格的德性，virtù[③]，非道德

---

① 我们的幸福公式……］参看《偶像的黄昏》第 44 条格言。——编注［译按：第 44 条格言为：“我的幸福公式：一种肯定，一种否定，一条直线，一个**目标**……”］

② 参看科利版第 13 卷，11［414］；15［120］。——编注

③ 意大利语，政治哲学家马基雅维利的核心概念。这个概念在尼采的著作中仅出现两次，另一次在《瞧，这个人》，“我为什么如此聪明”章第 1 节（科利版第 6 卷，第 279 页）；在 1885 年之后的遗稿中，却出现了 13 次之多。——译注

的德性[①])

柔弱者和失败者当灭亡：我们的人类之爱[②]的第一原则。为此还当助他们一臂之力。

比任何一种恶习都更有害的是什么？——行为上对于所有失败者和柔弱者的同情——基督教……

3[③]

我在此所提的问题，并不是什么东西会在生物序列中替代人类(——人是一个终点——)：而是何种类型的人应该作为更有价值、更当生存、更有前途的人而被驯养[④]和被意愿。

这种具有更高价值的类型已经足够经常地存在过，但只是作为幸运的偶然，作为一种例外，从来都没有被意愿过。它反而恰恰最遭惧怕，它几乎是迄今为止真正的可怕之物；——并且因为惧怕，相反的类型被意愿、培育和获取：家畜、群畜、患病的动物——

① 此处“非道德的德性”(moralinfreie Tugend)一词系尼采所生造，或可译为“没有道德伪饰的德性”，因为 Moralin 意为“伪善、虚伪”。据研究者索默(Andreas Urs Sommer)所说，反犹主义者拉加德(Paul de Lagarde)有 das judainfreie Judentum[没有犹太因素的犹太教]的说法，尼采的说法系仿此而造。(参索默：《尼采的〈敌基督者〉：哲学与历史学评注》，第 98—99 页，巴塞尔 2000 年。)另外，尼采还在本书第六节和《瞧，这个人》“我为什么如此聪明”章第 1 节使用了这个词(分别参看科利版第 6 卷，第 172 页和第 279 页)。还可参看科利版第 13 卷，11[43]，11[110]等。——译注

② 人类之爱]原为：社会。——编注

③ 参看科利版第 13 卷，11[414]；15[120]。——编注

④ 通常来说，人接受教育(Erziehung)，动物才被驯养(Züchtung)，此两者不容混淆。尼采却试图“将人回置到动物中去”(参第 14 节)，因此有意选用了 züchten 这个极为惹眼的词。——译注

基督徒那样的人……

171

4[①]

人类并**不**以今人所相信的方式表现为一种向更好、更强或更高之物的发展。“进步”只是一个现代观念，而这意味着，是一个错误的观念。今日的欧洲人在价值上始终是[②]远远[③]低于文艺复兴时期的欧洲人的；继续发展绝**不**必然导向提高、扩大和增强。

可在另一种意义上，确有个别情形取得了持续的成功，它们出现在地球上极为不同的角落、来自极为不同的文化，事实上，一种**更高的类型**随之[④]显现：这种类型相对于全部人类而言是一种超人。这种取得伟大成就的幸运情况在过去总是可能的，在将来或许也总还是可能的。甚至整个家族、部落和民族有时也能有如此的**幸运**。

5[⑤]

我们不可美化和装扮基督教：它向这些**更高**类型的人发动了**生死之战**，它摒弃了这类人所有的基本本能[⑥]，并从这些本能中提取出了恶和**恶人**的概念，——强者被视为典型的卑鄙之流、“道德

---

① 参看科利版第13卷，11[413]。——编注

② 始终是]付印稿：是。——编注

③ 远远]付印稿：大大。——编注

④ 随之]付印稿：从中。——编注

⑤ 参看科利版第13卷，11[408]。——编注

⑥ 尼采强调本能（Instinkt），这与他将人回置到动物或者说回置到自然中去的努力是相应的，本能仿佛人身上的自然或本性（Natur），因而也可译为“天性”。——译注

败坏的人”。基督教站在所有软弱者、卑贱者和失败者一边，它与强大生命的保存本能正相**抵触**，并从中树立了一种理想；即便精神上最强大的本性也被它败坏了理性，其途径是教人把最高的精神价值感受为有罪的、误导性的，感受为**诱惑**。最可悲的例证——帕斯卡尔的败坏，帕斯卡尔以为他的理性被原罪所败坏，岂不知败坏理性的只是他的基督教！——

6 172

展现在我眼前的是一幕令人痛心而又可怕的景象：我扯下了遮挡住人类之**败坏状态**的幕帘。这字眼从我嘴中说出，至少是免于一种怀疑的：它包含了一种对于人类的道德谴责。它是——我要再次强调——在**非道德**意义上来使用的：非道德化的程度可见于此——即恰恰在人们迄今为止最有意识地欲求“德性”和“神性”的地方，我最强烈地感受到了那种败坏。你们已经猜到，我是在颓废（décadence）[1]的意义上来理解败坏的：我的断言是，所有总结了

7

---

① 颓废（décadence）是后期尼采的基本词语之一。尼采在读了法国文化批评家和作家保罗·布尔热（Paul Bourget）出版于 1883 年的著作《当代心理学文集》（*Essais de psychologie contemporaine*）之后，从中借用了“颓废”（décadence）这个概念，并从 1883/1884 年冬季开始使用。这个概念最初为孟德斯鸠和吉本等使用，用来批判性地称呼罗马帝国的衰亡，后被波德莱尔等法国作家赋予了积极的美学含义。尼采也主要在批判的意义来使用这个概念（虽然布尔热这本书的论题之一就是波德莱尔），他最早用这个词来批判瓦格纳，后也用于批判苏格拉底、基督教和现代性等，成为后期文本中的基本词语，颓废（décadence）是权力意志的堕落及其文化后果。尼采也把自己称为颓废者（décadent），只是他认为自己克服了颓废（décadence）。参看《偶像的黄昏》，“苏格拉底问题”一章第 11 节；《瓦格纳事件》前言；《瞧，这个人》，“我为什么如此智慧”章第二节第一句话。后文中凡出现 décadence 均译为“颓废”，décadent 译为“颓废者”，不再标注原文。——译注

当今人类之最高期望的价值，都是**颓废的价值**。

当一个动物、一个种类、一个个体失去了它的本能的时候，当它选择了、当它**更喜欢**对它有害的事物的时候，我就称之为败坏。一个“高等情感”、“人类理想”的历史——我有可能不得不讲讲这段历史——这或许也几乎是对人类**何以**如此败坏的解释了。

在我看来，生命本身就是求生长、延续、力量积聚和**权力**的本能：凡是缺乏权力意志的地方就有没落。我以为，人类所有的最高价值都**缺乏**这种意志，——没落的价值、**虚无主义的**价值以最神圣之名在施行统治。

7[①]

基督教被称为**同情**的宗教[②]。——同情与滋补性情感[③]相反：后者是提高生命感受的能量，前者则是压抑性的。一个人在同情
173 的时候会失去力量。痛苦本身已经给生命带来[④]了力量的损失，同情[⑤]则进一步加剧了这种损失。同情将痛苦本身变得富有传染性[⑥]；有时它还会带来生命和生命能量的整体损失，而这与起因的

---

① 参看科利版第 13 卷，11[361]。——编注

② 基督教……]笔记本 MP XVI 4：同情，作为草稿的标题。——编注

③ 笔记本 MP XVI 4 中插入：诸如果断或者愤怒。——编注

④ 带来] 笔记本 MP XVI 4：增添。——编注

⑤ 同情] 笔记本 MP XVI 4：这样。——编注。[译按：在德文中，痛苦(Leiden)是同情(Mitleiden)的词根。Mitleiden 的字面义正是“与……一起痛苦”]

⑥ 同情将……] 笔记本 MP XVI 4：由于同情，痛苦本身变得富有传染性，没有什么比同情更有传染性了。——编注

分量又极不相称(——比如,“拿撒勒人之死”这个病例[①])[②]。这是第一个观点;可还有一个更重要的观点。假如人们按其通常所激起的反响的价值来衡量同情,其危害生命的特征也就愈益明显了。同情完全悖逆了发展的法则,发展的法则即选择的法则。同情保存适于没落者,它保护自身以利于被剥夺了权利的和被谴责的生命,它将失败者固着于生命,让各式各样的失败者蔓延滋长,由此而给生命本身带来了一个阴暗可疑的层面。人们竟敢将同情奉为德性(——在每个高贵的道德中,它都被视为软弱——);人们愈行愈远,把同情弄成了德性本身,弄成了一切德性的基础和根源,——只不过,终须谨记,这是从一种虚无主义的、以否定生命为标签[③]的哲学的观点出发的。叔本华在这一点上不无道理:同情否定了生命,把生命变得更当否定,——同情是虚无主义的实践。再说一遍:这种压抑的和易传染的本能[④]违逆了那源于生命之保存与价值提升的本能:无论是作为忧伤的传播者,还是作为一切忧伤的保管者,它都是颓废[⑤]向上攀升的主要工具[⑥]——同情劝人向无(Nichts)[⑦]! ……人们嘴上说的不是“无”:而是“彼岸”,或者“上帝”,或者“真实的生命”,或者“涅槃”、“救赎”和“极乐”……如果人

① 原文为:der Fall vom Tode des Nazareners,这里的Fall也可译为案例或事件,鉴于尼采在这一段中通篇运用医学、生理学隐喻,权译为“病例”。另,“拿撒勒人”即耶稣。——译注

② (——比如,……)] 笔记本 MP XVI 4 中没有这句。——编注

③ 标签] 笔记本 MP XVI 4:所设定的目标。——编注

④ 本能] 笔记本 MP XVI 4:情感。——编注

⑤ 颓废] 笔记本 MP XVI 4:退化(Degenerescenz)。——编注

⑥ 工具] 笔记本 MP XVI 4:手段。——编注

⑦ 在付印稿中,彼得·加斯特把 nicht 改正为 nichts。——编注

们理解了，崇高的词语底下所包裹着的是**怎样的**倾向，那么，这些
174 源于宗教-道德之特异体质王国的无辜修辞就立刻显得**很不无辜**了：**敌视生命的**倾向。叔本华是敌视生命的：**故**而同情在他看来是德性……众所周知，亚里士多德[①]将同情视为一种罹病的、危险的状态，间或[②]加以催泻不无益处：他把悲剧看作催泻剂。人们确实应该从生命的本能出发寻求手段，为这样一种病态而危险的同情之累积——如其在叔本华的病例中（惜哉！尚有我们从圣彼得堡直至巴黎、从托尔斯泰[③]直至瓦格纳的全部文学和艺术上的颓废）所表现的那样——施以一刺：让它**爆裂**……在我们不健康的现代性中，没有什么比基督教的[④]同情更不健康的了。**在此**行医，**在此**铁面无私，**在此**动刀子——这是**我们的**分内事，这是**我们**爱人类的方式[⑤]，**我们**因此而是哲学家[⑥]，我们极北净土之人！———

8[⑦]

有必要指出，我们把**谁**视为我们的对立面——就是神学家和体内含有神学家血液的一切——我们整个哲学……我们必须切近地看到了危险，更好的情况是，必须亲身体验到了危险，必须几乎

---

① 亚里士多德]参看《诗学》，1449b，27—28；1453b，1 以下。——编注

② 间或]笔记本 MP XVI 4：时时。——编注

③ 托尔斯泰]参看笔记本 W Ⅱ 3（第 13 卷）中对托尔斯泰《我的宗教》的大量摘抄。——编注

④ 基督教的]笔记本 MP XVI 4：现代的。——编注

⑤ 这是**我们**爱人类的方式]付印稿中的添加。——编注

⑥ 哲学家，]付印稿：哲学家，[我们爱人类者，]。——编注

⑦ 第 8—14 节，原标题为：赞成我们——反对我们。——编注

为之丧身，才不会把它视为儿戏(——我们的自然研究者和生理学家们那套自由精神玩意儿[1]在我看来是一种儿戏，——他们对这些事物缺乏激情，不会为之而痛苦。[2] ——)那毒害的范围比人们所以为的要广泛得多：我处处重又发现了傲慢的神学家本能，在人们今日自以为是“理想主义者”的地方，——在人们借助一种更高的渊源[3]而要求超越于现实之上、对之投以陌生眼光的地方……[4]理想主义者和教士[5]完全一样，手中握着所有的大概念(并且不只是在手中！)，以一种优越感藐视“理智”、“感官”、“荣誉”、“幸福生 175
活”和“科学”，他俯视着此类事物，仿佛它们是有害的和惑人的力量，另有纯然自足的“精神”漂浮其上：仿佛谦卑、贞洁、贫穷和(概而言之)神圣，迄今为止并没有比任何一种灾难和恶习给生命带来了多得多的损害……纯粹精神是纯粹的谎言……只要教士——这种以毁灭、侮辱和毒害生命为业的人——还被视为一种更高的人，对于什么是真理的问题就尚无答案[6]。当虚无和否定的宣扬者被视为“真理”的代表的时候，真理就已经被颠倒了……

① 原文为Freigeisterei，含贬义，区别于真正的“自由精神”(der freie Geist)，故译为“自由精神玩意儿”。——译注

② 在德文中，痛苦(Leiden)是激情(Leidenschaft)的词根。——译注

③ 渊源]付印稿：渊源[和种类]。——编注

④ 那毒害的范围……]笔记本 W Ⅱ 7,13：我说说经验之谈。——编注

⑤ Priester在犹太教、希腊罗马异教等古代宗教中为“祭司”，在天主教中为“神父”，在基督新教中则为“牧师”，可以说是神职人员的总称。鉴于尼采在谈到所有宗教时都用Priester一词，并且Priester对于尼采来说是一种至关重要的心理学类型，所以文中采用了“教士”这样一个较为中性的译法，来统称Priester。——译注

⑥ 对于什么是真理的问题就尚无答案]笔记本 W Ⅱ 7,12：就尚无精神事物中的纯洁性。——编注

9

我向这种神学家本能宣战：我到处发现了它的痕迹。体内含有神学家血液的人从一开始就歪曲地、不诚实地面对所有的事物。从中发展出的激情自命为**信仰**：永远闭眼不看自己，为了不致因为看到无可救药的虚假而痛苦。[①] 人们从这种虚假的视角中弄出一套道德、一种德性和一种神圣，为**虚假的**观看系上**好的**良心，——在将自己的视角以“上帝”、“拯救”和“永恒”之名宣称为圣之后，人们要求，任何一种**其他的**视角都不该再具有价值。我还能处处发掘神学家本能：它是地上的虚假中传播得最广的一种，是真正**藏于地下的**虚假形式。神学家持以为真的**必定**是假的：几乎可以将此作为真理的一条标准。不准实在在任何一点上享有荣誉，甚至不准它被说出来，这是神学家最深的自我保存的本能。凡是神学家的影响波及之处，
176 **价值判断**就都被歪曲了，“真”与“假”概念必定[②]被颠倒了：最危害生命的被称为“真”，提高生命、增强生命、肯定生命、为生命辩护、使之凯旋的反倒被称为“假”……当神学家通过君王（**或者**民众——）的“良心”而向**权力**伸出手掌的时候，我们不会怀疑，每次都是**什么**在根本上发作：求终结的意志、**虚无主义的**意志想要掌权……

① 参看科利版第13卷，11[58]——译注

② 必定]付印稿：总是。——编注

10

当我跟德国人说，哲学被神学家的血液给败坏了，他们立刻就能明白这话的意思。新教牧师是德国哲学的祖父，新教本身是它的 peccatum originale[根本罪、原罪]。新教的定义：半身瘫痪的基督教**和**——半身瘫痪的理性……[1]只要提及“图宾根神学院”[2]，人们就能明白德国哲学在根本上是**什么**了——一种阴险的神学……施瓦本人是德国最杰出的说谎者，他们说起谎来一脸无辜……缘何**康德**的出现迎来了德国学者阶层（他们当中有四分之三是牧师和教师的儿子）的一片欢呼，缘何德国人相信康德开启了一种向**改善**的转向，即便在今天也还可以找到这种信念的回声？德国学者们的神学家本能已然猜到，从此以后，**什么**重又变得可能了……一次狡黠的[3]怀疑，开启了通往古老理想的隐秘小路，使得“**真实的**世界”和“道德”这两个概念（——这两个曾经有过的最邪恶的错误[4]！）现在重又作为世界的**本质**，变得即便不可证明，也无**可反驳**了……理性、理性的**权利**够不到这么远……人们从实在中弄出了一个“假象”；把一个完全**虚构的**世界，存在者的世界，弄成 177
了实在……康德的成就只是一个神学家的成就：与路德、莱布尼茨

13

① 新教本身……]付印稿：甚至科学仍然一直被它所毒害。——编注

② “图宾根神学院”]黑格尔、谢林和荷尔德林曾在此学习。——编注

③ 狡黠的]付印稿：阴险的。——编注

④ 最邪恶的错误]付印稿：两个最不体面的学说。笔记本 W Ⅱ 7，15：两个最不体面的谎言。——编注

一样，康德是用来制止本身不稳当的德意志诚实的另一个止轮器[①]— —[②]

11

再说句话来反对作为道德学家的康德。德性必须是我们的发明，是我们最私人的紧急自卫和生活必须：在别的任何一种意义上，它都只是一种危险。凡不成为我们的生命条件的，就会危害生命：像康德所要的那样，只是出于一种对"德性"概念的敬畏之心而弄出一套德性，是有害的。"德性"、"义务"、"善本身"、非个人性的和普遍的善——这都是些幻象，没落、生命最后的衰退、柯尼斯堡[③]的中国精神(Chinesenthum)在其中得到了表达。最深处的保存和生长法则要求相反的东西：每个人为自己发明自己的德性、自己的绝对命令。一个民族如果完全混淆了自己的义务和义务概念，就会灭亡。没有什么会比每条"非个人性的"义务、每次向抽象之神(Moloch der Abstraktion)的献祭带来更深、更内在的损害了。——人们居然没有感到康德的绝对命令是危害生命的！……只有神学家本能为他辩护！——生命本能所强制的行为在快感中证明自己是一个正确的行为：那个心怀基督教教条的虚无主义者却将快感视为反驳。工作、思考和感受，却没有内在的必然性、没有极为个人的选择、没有快感，成了"义务"机器，还有什么比这毁

① 和路德……]笔记本 W Ⅱ 7,15：我们全部的文化都有神学味……。——编注

② 和路德……]付印稿：康德是知性真诚最大的止轮器。——编注

③ 柯尼斯堡为康德的家乡。——译注

灭得更快呢？这恰是开给颓废、甚至是开给白痴的**药方**……康德成了白痴。——他居然是**歌德**的同时代人！这个毒蜘蛛过去被视为首要的**德国**哲学家，——现在还是如此！……我不想直说我对德国人的看法……康德难道不是在法国大革命中看到了国家形式 178
从无机到**有机**的过渡吗？他难道没有自问：是否有一件事，除了用人类的道德禀赋之外，根本无法用别的方式去解释，这样一来，“人类向善的倾向”就一举被**证明**了？康德的回答是：“这就是革命。”在所有事情上面都犯错的本能，反自然[①]之为本能，德意志的颓废之为哲学——**这就是康德**！——[②]

12[③]

为数不多的怀疑论者是哲学史中的诚实类型，我将之另列一旁：而其他人则对知性真诚的起码要求都一无所知。他们统统像妇人一样，将“美好的情感”视为论证、将“高昂的胸怀”视为神性的风箱、将确信视为真理的一个**标准**，所有这些大幻想家和庞然怪物概莫能外。最后，康德还要带着“德意志的”[④]天真无邪，试图[⑤]用“实践理性”这个概念来对这种形式的腐败、这种知性良心的缺乏进行科学化论证：他特意为此捏造了一种理性，在这种理性中，即

① 反自然]付印稿：灾难。——编注

② 康德难道不是在法国大革命中……]参看伊曼努尔·康德，《系科之争》，载科学院版第七卷，第 85 页以下。——编注

③ 参看科利版第 13 卷，11[361]。——编注

④ “德意志的”]笔记本 MP ⅩⅥ 4：所有的。——编注

⑤ 试图(versucht)]笔记本 MP ⅩⅥ 4：寻求(sucht)。——编注

当道德、当崇高的“汝当”响起的时候，人们便不再需要顾及理性了。几乎在所有民族中，哲学家都只是教士这种类型的继续发展，想到这一点，则此类教士遗风、**自我伪造**就不再[①]令人惊讶了。当一个人具有诸如改善、拯救、救赎人类这样的神圣使命的时候，当一个人胸怀神圣、为彼岸命令代言的时候，他就因为这样一种使命而已经站在[②]所有单纯理智的价值之外[③]了——他已经被这样一
179 种使命圣化了，他已经属于一个更高的秩序了！……**科学**与教士何干！教士站得太高了！——可迄今为止都是教士在**统治**！他**规定了**什么是“真”与“不真”！[④]……

13[⑤]

我们切勿低估了这一点：**我们自身**、我们这些“自由精神”已经

---

① 不再]笔记本 MP XVI 4：不。——编注

② 站在]笔记本 MP XVI 4：位于。——编注

③ 之外]笔记本 MP XVI 4：的彼岸。——编注

④ 可迄今为止……]笔记本 MP XVI 4：与哲学的起源相反的科学的起源是至为有趣的。如果一个家族长时间地从事一个行当，并将其发展到大师的水准，那么整个储备起来的熟练技巧和对持守、精细、审慎及坚韧的习惯最终会独立自主，并延伸到精神事物中去。对精神的形式训练仿佛从迄今为止的训练目标中脱离出来，成了一种自身需要，成了对问题的渴求，——手段本身成为了目的。——科学性是一代代人积累、传承下来的思想和行动上的[坚实]、德性(virtù)和精细的表达。因此，科学天才几乎都是手工业者、商人、医生和律师的后代：犹太人的儿子成为精明学者的可能性是很大的。相反，牧师的儿子成为——哲学家。——编注

⑤ 笔记本 MP XVI 4：最富价值的洞见总是在最后被发现；而最富价值的洞见乃是**方法**。几千年来，一切方法、我们今日科学活动的一切前设都对自己有着极深的藐视，一旦与它沾上关系，就被排除在了正人君子的交往范围以外，——被视为“上帝的敌人”、真理的藐视者、“中了邪的人”。具有科学品质的人是旃陀罗(Tschandala)……

是一种“重估一切价值”，已经是活生生地在向所有关于“真”和“不真”的古老概念宣战。最富价值的洞见总是在最后被发现；而最富价值的洞见乃是方法。几千年来，一切方法、我们今日科学活动的一切前设都对自己有着极深的藐视，一旦与它沾上关系，就被排除在了“正人君子”的交往范围以外，——被视为“上帝的敌人”、真理的藐视者、“中了邪的人”。具有科学品质的人是旃陀罗

人类的全部情感，他们关于真理该是什么、该服务于什么的观念，都与我们为敌：我们的对象，我们的行为方式(Praktiken)，我们平和、谨慎、不轻信的样子——在他们看来，这一切完全都是不体面的、可鄙的。——看起来似乎达到了一个对立面，做出了一个跳跃。可这只是表面现象。事实上，那种双曲线的训练本身逐步地为那更温和的情感做了预备，这种情感在今天作为科学品格而活跃、而取得了荣耀。宗教性的人(der religösen Mensch)在精微之处的孜孜以求和严格的自我控制是科学品格的一种预备练习，并仿佛是它的预先形式(Vorform)：尤其是那种思想态度，即严肃地对待问题，而不计个人的利害得失。最后，我们可以掂量一下，如此长久地蒙蔽了人类的东西，其实难道不正是一种美学趣味吗：他们要求真理具备如画的效果，他们还要求求知者去强烈地影响幻念。我们的谦卑倒他们的胃口，并且倒得最久。——

笔记本 W Ⅱ 6,66 中更早的准备稿(=《权力意志》1911 年版，第 469 条)：最富价值的洞见总是在最后被发现；而最富价值的洞见乃是方法。几千年来，一切方法、我们今日科学活动的一切前设都对自己有着极深的藐视，一旦与它沾上关系，就被排除在了正人君子的交往范围以外，——被视为“上帝的敌人”、真理的藐视者、“中了邪的人”。人类的全部情感(Pathos)，他们[《权力意志》1911 年版，第 469 条误作：我们]关于真理该是什么、该服务于什么的观念，都与我们为敌。——我们的对象，我们的行为方式，我们平和、谨慎、不轻信的样子完全都是可鄙的……<根本上，最长久地妨碍了人类的是一个美学[偏见][在手稿中这个词被删除并且没有用另外的来代替；《权力意志》1911 年版，第 469 条：品位。根据《敌基督者》第 13 节]：他们相信真理具有如画的效果，他们要求求知者去强烈地影响幻念。>看似一个矛盾、作了一个跳跃：事实上，道德－[理想－]双曲线的训练足见为那更温和的情感做了预备，这种情感[现在从事科学]作为科学品格而活跃……宗教性的人在精微之处的孜孜以求和自我控制是科学[本能]品格的一所预备学校：尤其是那种思想态度，即严肃地对待问题，而不问这会给一个人自己带来什么……。——编注

(Tschandala)[①]……人类的全部情感，他们关于真理该是什么、该有何效用的观念，都曾与我们为敌：迄今为止的每一个“汝当”都是冲着我们来的……我们的对象，我们的行为方式(Praktiken)，我们平和、谨慎、不轻信的样子——在他们看来，这一切完全都是不体面的、可鄙的。——最后，我们或可不无道理地自问，其实难道不正是一种美学趣味使人类如此长久地耽于蒙蔽：他们要求真理具备如画的效果，他们还要求求知者去强烈地影响感官。我们的谦卑倒他们的胃口，并且倒得最久……哦，他们猜得多准，这些上帝的火鸡— —

180

14

我们革新了观念。我们在各方面都变得更加谦逊。我们不再从“精神”、“神性”寻求人类的根源，而是将人回置到动物中去。[②]我们视其为最强大的动物，因为它是最狡猾的：结果之一就是他的精神性。另一方面，我们提防一种[③]即便在此也想再次发出声音的虚荣：仿佛人已是动物发展伟大的隐秘意图。人绝非创造的顶点，他周围的每一个生命都处于相同的完满等级……这话还是说

---

① 比四种姓(婆罗门、刹帝利、吠舍和首陀罗)中地位最低的首陀罗还要低贱的贱民阶级，只能从事非常卑贱的行业。《摩奴法论》称其为“人中最低贱者”，并认为旃陀罗来源于首陀罗和婆罗门姑娘之间的“逆婚”。参看《摩奴法论》，蒋忠新译，北京 1986 年，第 203 页。——译注

② 我们革新了观念。……]笔记本 MP XVI 4(第一稿)：我们将人类回置到了动物中去，我们变得更谦逊了。——编注

③ 一种]笔记本 MP XVI 4：那种。[译按：即将文中不定冠词 eine，换成了定冠词 die]——编注

得太过了：相对而言，人是动物之中最失败、最为病态、最危险地偏离了本能的一种——当然，也因为所有这些而成为**最有趣的**一种！——关于动物，笛卡尔第一次敢于以令人敬佩的勇气将它理解为 machina[机器][①]：我们全部的生理学都在努力地证明这个原理。人也不例外，也被我们合乎逻辑地置于此列，这与笛卡尔的做法没有两样：今天对人的全部理解正止于此，即将人理解为机器。从前，人们将“自由意志”作为一个源自更高秩序的嫁妆归于人类：如今则不再能够将意志理解为一种能力，在此意义上，我们甚至把意志都从人类那儿剥离了。“意志”[②]这个古老的词语只被用来标识一种合量、一种形式的个体反应，一定数量相反相成的刺激必然会带来这种反应：——意志不再“作用”、不再“推动”……过去，人们在人类的意识、在“精神”中看到了其神性、其更高来源的证明；要**完善**人类，就要叫他学乌龟[③]的样子，收起感官、中断与地上事物的联系、褪去可朽的外壳：然后剩下“纯粹的精神”这个要务。我们对此也有了更好的[④]想法：有意识、“精神”恰被我们看作有机体 181
相对不够完美的表征，看作一种尝试、摸索、失策、一种辛苦劳烦，许多精力都没有必要地浪费于此，——我们否认某物能够被完善，只要还能让它具有意识。“纯粹精神”是一种纯粹的愚昧：如果我们不把神经系统和感官这些“可朽的外壳”计算在内，**我们就算错**

① 机器]笔记本 MP XVI 4：机械主义。——编注

② 参看科利版第 13 卷，11[73]：“**没有什么意志**：有的是不断地增加或丧失掉自己权力的意志草案。”——译注

③ 参看科利版第 13 卷，11[64]。——译注

④ 更好的]笔记本 MP XVI 4：不同的。——编注

了——如此而已！……

15[1]

在基督教中，无论道德还是宗教都没有在任何一点上触及现实。纯然想象出来的**原因**（“上帝”、“灵魂”、“自我”、“精神”、“自由意志”——或者还有“不自由的意志”）；纯然想象出来的**结果**（“罪”、“救赎”、“恩典”、“惩罚”、“恕罪”）。一种想象出来的**存在者**（“上帝”、“精神”和“灵魂”）之间的交往；一种想象出来的**自然**科学（人类中心论的；完全缺少自然原因的概念）；一种想象出来的**心理学**（纯粹的自我误解，借助宗教-道德特异体质的符号语言——如“懊悔”、“良心谴责”、“魔鬼的试探”、“上帝的临近”——来解释诸如 nervus sympathicus[交感神经]状况这种舒适或不快的一般感受）；一种想象出来的**目的论**（“上帝国”、“末日审判”、“永生”）。——这个纯然**虚构的世界**与梦境非常不同，并且相形见绌，因为后者**反映**了现实，而**它**却要扭曲、贬低、否定现实。一旦“自然”概念被虚构为“上帝”的反概念，“自然的”就必定意味着“卑贱的”，——这整个虚构的世界都根源于对自然之物（——现实！——）的**仇恨**，都表达了一种对于现实之物深深的厌恶……**但**
182 **是一切都这样被解释了**。唯独谁有动机去**编造谎言来逃离现实**？那些对现实**感到痛苦**的人。可对现实感到痛苦，这就是一种**变得不幸的现实**……不快对于快乐的优势是那虚构的道德和宗教的**原**

① 第15—29节原标题为：一种颓废宗教的概念。——编注

因:这样一种优势也正是颓废的**公式**……

16[①]

要得出这样的结论,必须对**基督教的上帝概念**做一番批判。——尚且自信的民族也还有它自己的上帝。它在其中敬拜自己上升的条件、自己的德性,它在一个可以对之表示感恩的事物中投射了它对自身的快感及其力量感。富有的人想要给予;一个高傲的民族需要一个上帝来**献祭**……如此条件下的宗教是一种感恩的形式。人对自己心存感激:为此需要一位上帝。——这样一位上帝必须能有助益、也能够损害,能做朋友,也能做敌人,——无论好坏,人们都赞赏它。此时,对一位上帝进行**违逆自然**的阉割、把他阉割成一个纯然善良的上帝的做法,是毫无吸引力的。邪恶的上帝和善良的上帝同样是必需的:人们并不那么将自己的生存归功于宽容和博爱。……一个不知愤怒、报复、嫉妒、嘲讽、诡计和暴力的神有什么重要可言?一个或许不曾了解胜利与毁灭之醉人火焰(ardeurs)的上帝有什么重要可言?这样一位上帝会让人无法理解:我们要它何用?——不过:当一个民族行将灭亡;当它最终感到失去了对于未来的信(Glauben)、对于自由的望(Hoffnung)

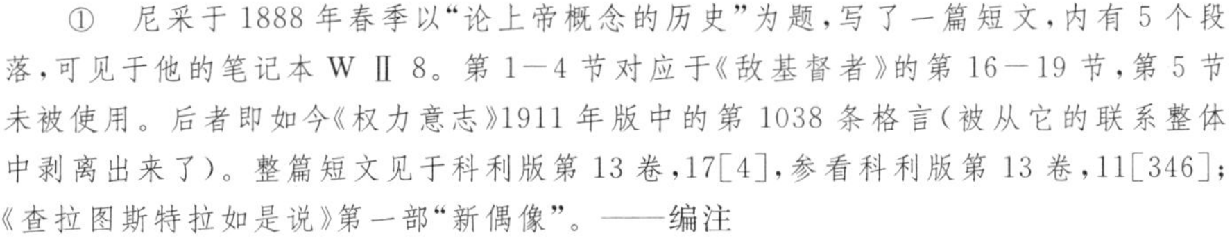

① 尼采于1888年春季以"论上帝概念的历史"为题,写了一篇短文,内有5个段落,可见于他的笔记本WⅡ8。第1—4节对应于《敌基督者》的第16—19节,第5节未被使用。后者即如今《权力意志》1911年版中的第1038条格言(被从它的联系整体中剥离出来了)。整篇短文见于科利版第13卷,17[4],参看科利版第13卷,11[346];《查拉图斯特拉如是说》第一部"新偶像"。——编注

的时候；当它将屈服视为最有用、将屈服的德性视为生存条件的时
183 候，它的上帝也**必须**自行改变。现在，上帝变得胆小如鼠、怯懦而谦卑，它鼓吹“灵魂的安宁”、不再仇恨，鼓吹容忍、鼓吹不分敌友的“爱”(Liebe)。上帝不断地道德化，在每种私人德性的洞穴里爬行，上帝成了每个人的上帝，成了私人，成了世界主义者……从前，上帝表现了一个民族、一个民族的强壮、一个民族灵魂中所有的进攻性和权力欲：如今它只还是一个善良的上帝……事实上，对于诸神而言，没有别的选择：它们**要么**是权力意志，——如果这样，它们将保持为民族诸神——**要么**就是对于权力的无能(Ohnmacht zur Macht)——而后必定变得**善良**……

17[①]

凡是权力意志以任何一种形式衰退之处，都会出现一种生理退化、一种颓废。颓废的神被切下了其最男性化的德性和欲望，此后，它必定变成了生理退化者、弱者的神。可是弱者并不把自己称为弱者，而是称为“善人”……无须提示就能明白，一个善良的和一个邪恶的上帝的双元虚构在历史中的哪个时刻才是可能的。屈服者凭其本能将他们的上帝下降为“善本身”，他们也凭借同一种本能将好的品质从其征服者的上帝中删去了；他们通过将其上帝**妖魔化**来报复他们的主人。——**善良的**上帝和魔鬼一样：两者都是颓废的产物。——人们今天怎么还能对基督教神学家的幼稚做这

① 结尾部分参看科利版第13卷，16[55，56，58]。——编注

么大的让步，来与他们一道宣称，从“以色列的上帝”、从民族上帝到基督教上帝、到一切善好的完美化身，上帝概念的这种发展是一种**进步**？——可就连勒南[1]也这么做。仿佛勒南有权利幼稚似 184
的！跃入眼帘的倒是相反的情形。如果生命**上升**的条件，如果一切强大、勇敢、英勇、骄傲都从上帝概念中被清除出去，如果它渐渐变成了一种象征，象征着一根为疲惫者而准备的棍棒、一块为所有溺水者而沉落的拯救之锚，如果它变成了卓越的“穷人的上帝”、“罪人的上帝”、“病人的上帝”，并且只**余**下“救世主”、“拯救者”这样的称谓，仿佛它们就是全部的神性称谓：这样一种变化、这样一种对神性之物的**简化**告诉我们**什么**？——当然，“上帝的国”由此而变大了。之前上帝只有他的人民，他的“选”民。而今，一如他的人民本身，他开始进入异乡、开始流浪，从此之后，它不再静坐于一处：直到他最后四处为家，成为了世界主义者，——直到他赢得了“大多数人”和半个地球。但是尽管如此，这位“大多数人的上帝”，这位诸神中的民主主义者，没有成为骄傲的异教神：它还是犹太的，它还是角落里的神，还是所有黑暗之隅、阴暗之地的神，还是全世界所有不健康的寄居之所的神！……它的世界帝国和以前一样是地下王国，一个医院，一个地下室，一个犹太人居住区……它自己也是那么苍白、那么柔弱、那么颓废……即便苍白中之最苍白者，即形而上学家、概念白化病患者，还要在它之上成为主人。他

① 约瑟夫·埃内斯特·勒南（Renan，1823—1892年）：法国宗教史学家和东方学家，其代表作《耶稣传》强调耶稣的人性，被罗马教廷列为禁书。——译注

们在它周围编织了那么久的网，直至它被他们的运动催眠，自己也成了蜘蛛，自己也成了 Metaphysicus[形而上学家]。现在它重又开始从自身出发编织世界——sub specie Spinozae[从斯宾诺莎的观点来看]——从此以后，它变成了愈益阴暗、苍白之物，变为“理念”、“纯粹精神”、“绝对”、“物自身”……**一位上帝的没落**：上帝变成了“物自身”……

185

18[①]

基督教的上帝概念——上帝之为病人的上帝，之为蜘蛛和精神——是这个世界上所达到过的最腐朽的上帝概念之一；它也许本身就标志着诸神类型退化的顶点。上帝退化为**对生命的异议**，而没有成为对生命的神化和永恒肯定！在上帝中预告了对生命、自然和生命意志的敌意！上帝成了每一种对“此岸”进行侮辱、每一种“彼岸”谎言的公式！在上帝中，虚无被神化了，“求虚无的意志”被封圣了！……

19

强壮的北欧民族没有拒绝基督教的上帝，这有辱他们的宗教天赋，更不要说品位了。他们本来**必须**和这个病态、老弱的颓废产

---

① 参看科利版第 13 卷，17[4]3 结尾处：我们已经做到了这等地步！……难道人们还不知道这一点吗？基督教是一种**虚无主义的**宗教——为其上帝的缘故……。——编注

物了断关系。可是他们没有做到，这给他们带来了诅咒：他们将疾病、老年和悖谬都带进了他们所有的本能——从此以后，他们没有再**造**出新的上帝！几近两千年，没有哪怕一位上帝！这个基督教单一神论(Monotono-Theismus)的可怜的上帝，仿佛人类的 creator spiritus[造物精神]和造神力量的 ultimatum[最后之点]和 maximum[最高之点]，一直存在着并且好像有权这样似的！这个由空无、概念和悖谬杂交而成的衰败产物，一切颓废本能、一切灵魂的怯懦和疲劳都在其中被认可了！— —

20[①] 186

在谴责基督教的同时，我不想对一个相近的宗教不公，这个宗教就信徒人数而言甚至还强过基督教，它就是**佛教**。两者共同属于虚无主义的宗教——它们都是颓废的[②]宗教(décadence-Religion)——，两者之间又以一种最值得注意的方式分道扬镳。现在能够对这两者加以**比较**，基督教的批判者真要为此而深深地感谢印度学者。——佛教要比基督教现实百倍，——它体内含有客观、冷静地提出问题的基因，它诞生自延续了数百年之久的哲学运动**之后**，当它诞生的时候，“上帝”概念已经被废除了。佛教是历史向我们展示的惟一一个真正的**实证主义**宗教，它的知识论也是如此(一种严格的现象主义——)，它不再说“反对**罪**的斗争”，而是完全

① 第 20—23 节，原标题为：佛教与基督教。——编注

② 颓废的］付印稿：完结的。——编注

给予事实以权利，说“反对痛苦的斗争”。它已经将道德概念的自我欺骗抛在脑后，——用我的话来说，它已经处于善恶的彼岸，——这使得它与基督教有着深刻的区别。佛教所看见、所根据的是两个生理学事实：首先，一种过度的感官敏感，这表现为精微的痛苦感受力；其次，一种过度的精神化，过于长久地生活在概念和逻辑过程之中，这种生活损害了人格本能（Person-Instinkt）来助长“非人格之物”（——在我的读者当中，至少有一些人，一些像我自己一样的“客观人”，将会从经验中了解这两种情况。）这些生理学前提导致了一种抑郁：佛陀就是来治疗这种抑郁的。他的办法是：露营，漫游，节制，挑选膳食；慎酒；同时谨慎面对一切产生胆
187 汁、加热血液的情感；既不为自己也不为别人操心。他倡导那些要么给人平静、要么带来快乐的想法——他发明手段来戒除他人。他将善良和友好视为有益健康的。排除了祷告，也排除了禁欲苦行；没有绝对命令；没有任何强制，甚至在寺院里面也没有（——进去之后，还可以出来——）一切仿佛只是方便法门，用来增强那种过度的敏感。正因为如此，他也不要求铲除异己；他的学说所要抵制的无非就是报复、厌恶和怨恨的感受（“冤冤相报何时了”[1]：整个佛教中动人的口头禅……）。这是有道理的：从营养学的主要目的来看，这些情感恰恰是完全不健康的。他用一种严格的回归（Zurückführung）和对人格（Person）最精神化的兴趣来反抗他所感到的和在一种过度的“客观性”（即个体兴趣（Individual-Interes-

① “冤冤相报何时了”]参看奥登伯格（H. Oldenberg）：《佛陀》，柏林，1897年，第337页。——编注

se)的弱化、重点的丧失、“利己主义”的丧失)中表现出来的精神疲劳。在佛陀的教义中,利己主义成了义务:“唯一紧要之事”[①],“**你**如何摆脱痛苦”调整和限定了全部精神食谱(——人们也许可以联想起那个雅典人,他同样起而发动反对纯“科学性”的战争,这个人就是苏格拉底,他也将人格利己主义(Personal-Egoismus)在诸多问题的领域中提升为道德[②]。)

21

佛教的前提是非常温和的气候,风俗中高度的温顺和自由,**没有**军事活动;高等阶层、甚至学者阶层是运动的发起者。人们将快乐、宁静和无欲无求视为最高目标,并且**达到了**他们的目标。佛教不是一种人们在其中单单寻求完满性(Vollkommenheit)的宗教:完满是常态。—— 188

在基督教中,被降伏、被压迫者的本能处于显著地位:在基督教中寻求救治的是最低的等级。在这里,人们**忙于**诡辩罪恶、批判自我和审查良心,以此来消除无聊;在这里,对一个被称为“上帝”的**强大者**的情感(通过祷告)不断得到维护;在这里,最高之物被视为不可达到的,被视为馈赠、“恩典”。这里也缺少公共空间;藏匿处和暗室是基督徒的品质。在这里,身体被藐视,卫生保健被作为

① “唯一紧要之事”]《路加福音》,第10章第42行。——编注[译按:和合本的译法是:“不可少的只有一件”。译者根据这里的语境做了调整]

② 也将……]付印稿:将利己主义理解为道德。——编注

感官生活而拒斥；教会甚至反对洁净（——在赶走摩尔人[①]之后，所颁布的第一条基督教规章就是关闭公共浴池，单单科尔多瓦就有 270 家）。基督教具有某种意义上对自己和对别人的残忍[②]；仇恨异己；想要迫害。引人注意的是各种阴暗的和激动人心的观念；最向往的、用最高的名词来称呼的状态是羊痫风一般的；所选的食物利于病态现象，会过度刺激神经。基督教是地上的主人们和“高贵者们”的死敌——同时秘密进行着一场隐匿的竞赛（——把“身体”让给他们，我们**只**要“精神”……）基督教是对**精神**、骄傲、勇气、自由、精神自由的仇恨；基督教是对**感官**、感官快乐和一切快乐的仇恨。

22

当基督教失去了最初的基础（古代世界最低的等级、**下等世界**）的时候，当基督教开始在野蛮的民族中寻求权力，它的前提不
189 再是**疲惫的**人，而是内在野蛮的、毁坏自身的人，——强壮但是不成功的人。与佛教徒过度的敏感和痛苦感受力**不**同甚至相反，对自己的不满和痛苦在这里更多的是一种对于制造痛苦、对于将内在的紧张释放到敌意行为和观念中去的过度欲求。基督教要成为

① 西北非洲一民族，原为当地黑人和柏柏尔人的后裔，后又与阿拉伯人融合。公元 8 世纪皈依伊斯兰教。8—15 世纪在伊比利亚半岛大部分地区及西北非洲建立过长期统治，并有繁荣的文化。1492 年被基督教军队征服。——译注

② 基督教具有……］参看《人性的，太人性的》第 142 条格言（引诺瓦利斯语）——编注

蛮族的主人，就需要野蛮的概念和价值：献祭头生子、晚宴饮血、对精神和文化的藐视；一切形式的（感官的和非感官的）酷刑；礼拜活动的豪华场面。佛教是晚期人类的宗教，是善良、温顺、变得过于精神化的种族的宗教，他们太容易感到痛苦（——对佛教而言，欧洲还远远不够成熟——）：佛教把这些人带回到和平与欢乐、回到精神食谱、回到某种身体上的磨炼。基督教要成为食肉动物的主人；它的办法是把它们弄病了，——弱化是基督教导向驯化、“文明”的药方。而佛教是一种针对文明的结束与疲倦的宗教，基督教还未遇到过文明，——它或许在为文明奠基。

23

再说一遍，佛教要冷静、真实、客观百倍。它不再需要通过对
罪的解释来把自己的痛苦和感受痛苦的能力装扮得体，——它只
是说出自己的想法：“我痛苦”。相反，对于野蛮人来说，痛苦本身
不是什么体面的东西：他首先需要一个解释，才能承认他痛苦（他
的本能毋宁教他否认痛苦、平静地承受痛苦）于是，“魔鬼”这个词
语在当时是一件善举：人们有了一个过于强大的、可怕的敌 190
人，——因为这样一个敌人而痛苦，人们无须为此而感羞愧。——

基督教在根本上具有一些东方式的精巧。首先，它知道，某些东西是否真实，这本身是完全无关紧要的，但至关重要的是，它被信以为真。真理和相信某些东西是真理：这是两个界限分明的兴趣世界，两个几乎对立的世界。通往两个世界的道路是截然不同的。在东方，认识到这一点几乎足以让人成为智者：婆罗门这么认

为，柏拉图这么认为，每一个隐微智慧[①]学派（Schüler esoterischer Weisheit）都这么认为。比如，如果幸福取决于相信自己从罪中获得拯救，那么要紧的条件不在于人是否有罪，而在于他感到自己是有罪的。如果信仰在根本上是最紧要的，那么就必须败坏理性、知识和钻研的声誉：通往真理的道路变成了禁路。——强烈的盼望是比任何单个真实发生的幸福远为强大的生命兴奋剂。人们必须用盼望来维系痛苦者的生存，这种盼望是不能被任何一种现实所反驳的，——这种盼望也不能被一种实现所取消：这就是一种对彼岸的盼望。（正是因为盼望具有这种拖住不幸者的能力，希腊人将盼望视为灾祸中的灾祸，视为真正阴险的灾祸：它留在了灾祸之盒里面。）——要使爱成为可能，上帝就必须具有人格；要让最深的本能能够响应，上帝必须是年轻的。人们为妇人的热情准备了一个英俊的圣者，为男人的热情准备了一个马利亚。这样做的前提是，基督教想要成为主人的这片土地，它的崇拜概念已经被阿芙洛蒂特或阿多尼斯崇拜[②]所规定了。贞洁的要求强化了宗教本能的强
191 烈与内在程度——它将崇拜变得更加热情、更加狂热和更富有精神。——爱是这样一种状态，人对事物的看法往往与事物本身不相符。幻想的力量在此繁盛，同样还有美化和神化的力量。在爱中，人们能够承受得更多，人们容忍一切。关键在于发明一种能够让人们去爱的宗教：人们由此而超越生活中最糟糕的事情——人

① 隐微智慧]付印稿：东方。——编注

② 在希腊神话中，阿芙洛蒂特是爱和美的女神，阿多尼斯（Adonis）是一位美少年。——译注

们根本不再看见它了。——关于基督教三德性(信、爱、望)[1]就谈这么多:我称之为基督教三**巧智**(Klugheiten)[2]。——佛教太老成、太实证了,无法再以这种方式来施巧智。——

24[3]

我在此涉及的只是基督教的**起源**问题。解答这个问题的**第一**原理是:只能从其成长的土壤来理解基督教,——它**不**是一种反对犹太本能的反向运动,而是其合乎逻辑的发展,是其令人恐惧的逻辑的进一步推论。用救世主的公式来说:“救恩来自犹太人”[4]。**第二**原理:加利利人的心理学类型仍然可以辨认,但只有在他完全的蜕变(即同时被陌生的特征所歪曲和充斥——)中,他才能为人们所用,即用作人类的一个**救世主**类型。——

犹太人是世界历史上最奇特的民族,在面对存在与不存在的问题之时,他们以一种极其可怕的意识**不顾一切地**选择了存在:代价是极端地**歪曲**了一切自然、一切自然性、一切实在、以及全部的内在和外在世界。他们与迄今为止任何一个民族能够生存、**可以**生存的条件划清界限,他们从自身出发创造了一个与**自然的**条件 192
相反的概念,——他们以一种无可救药的方式依次将宗教、祭祀、

① 基督教三德性……]《哥林多前书》,第13章第13行。——编注

② Klugkeit常译为“聪明”,尼采的用法中含有一种狡猾、伪装、善应变的意思,故试译为“巧智”。——译注

③ 原标题为:基督教的根源(在付印稿中被划去。)——编注

④ “救恩来自犹太人”]《约翰福音》第4章第22行;也参看科利版第12卷,10[182]。——编注

道德、历史和心理学颠倒为自然价值的反面。相同的现象，我们还要以极其放大的比例再遇到一次，尽管如此，也只是一个复制品：——与“圣者的民族”相比，基督教教会不能声称具有任何原创性。犹太人也正因此而是世界历史上最为灾难性的民族：他们的影响如此地扭曲了人类，以至于直到今天，基督徒仍然可以以为自己是反犹太的，却不知道自己恰是犹太因素的最终后果。

在我的著作《论道德的谱系》[1]中，我首次以心理学方式引入了一对相反的概念，即高贵的道德和怨恨的道德（ressentiment-Moral），后者源于对前者的否定：它完完全全是犹太-基督教道德。要能够否定这世上诸如上升的生命运动、良好处境、权力、美和自我肯定所代表的一切，已然成为天才的怨恨本能必须在此为自己虚构另一个世界，从这个世界来看，那种对生命的肯定是邪恶的、是本就可耻的。以心理学的方式来推算，犹太民族是一个有着最坚强的生命力的民族，他们身陷绝境，出于最深的自我保存的巧智，自愿地采取了所有颓废本能的立场，——并不是因为他们为这种本能所支配了，而是因为他们在这种本能中发现了一种权力，借助这种权力，他们得以胜过“世界”。犹太人是一切颓废者的反面：他们必须将其表现到幻象的程度，他们知道如何凭着一种不可超越的表演天赋登上所有颓废运动的最高峰（——作为保罗的基督
193 教——），从而创造出比任何一种肯定生命的立场更强大的东西。颓废对于在犹太教和基督教当中渴求权力的那种类型的人、一种教士类型来说，只是手段：这种人的生命兴趣在于，把人类弄成病

[1] 关于这一段，请参考《论道德的谱系》第一篇论文。——编注

态，并且在一种危害生命、侮辱世界的意义上颠倒“善”、“恶”、“真”、“假”。

25[①]

作为一切自然价值之**去自然化**的历史典型，以色列历史的价值是不可估量的：我略谈其中五点。起初，特别是在列王时期，以色列也与一切事物处于**正确的**，即自然的关系之中。它的雅威[②]是权力意识，是对于自身的快乐和盼望的表达：人们在其中期待胜利与救治，人们相信自然会给予人们所急需之物——首先是降雨。雅威是以色列的上帝，**因此**是正义的上帝：这是任何一个拥有权力并且对此怀有好良心的民族所共有的逻辑。节日祭祀表达了一个民族之自我肯定的两个方面：他们为自己的上升而感谢伟大的命运，他们为四季轮转、为畜牧耕作中的所有幸运而心存感激。——这种事物状态在很长时间以来都保持为理想，即便当它以一种可悲的方式被放弃的时候：内有无政府状态、外有亚述人。但是人民坚持把这样一种国王形象视为最高的理想，即一个好的战士和一个严厉的法官：特别是那个典型的先知（所谓先知，即对当下进行批判和嘲讽的人）约书亚。——但是任何盼望都没能实现。年老

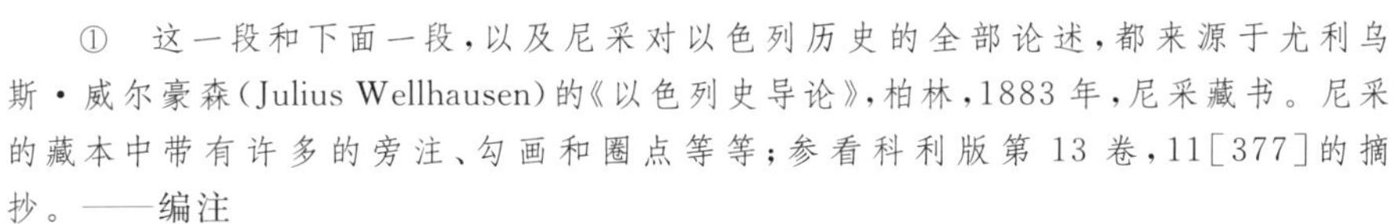

① 这一段和下面一段，以及尼采对以色列历史的全部论述，都来源于尤利乌斯·威尔豪森（Julius Wellhausen）的《以色列史导论》，柏林，1883年，尼采藏书。尼采的藏本中带有许多的旁注、勾画和圈点等等；参看科利版第13卷，11[377]的摘抄。——编注

② 雅威（Javeh）又作“耶和华”（Jahovah）。——译注

的上帝已经无**能**于他以前所能之事了。人们本该让他逝去。可是发生了什么呢？人们**改变**了自己的概念，——人们将其概念**去自**
194 **然化**了：人们不计代价地持守它。——“正义”之神雅威，——**不再**
与以色列一体、**不再**是民族自身感受的一种表达：只还是一个有条件的上帝……这个概念成了宗教鼓吹者手中的工具，这些人从现在开始将一切幸福都解释为奖赏，将一切不幸都解释为不服从上帝所招致的惩罚，解释为“罪”：所谓“道德的世界秩序”的最虚假的解释方式，“原因”和“结果”这样自然的概念随之被永远地颠倒了。只有当人们用奖赏和惩罚将自然因果性从世界中清除的时候，才需要一种**反自然的**因果性：全部其他的非自然性就随之产生了。一个**提要求**的上帝——取代了一个提供帮助的上帝、给予建议的上帝、在根本上表达了勇气和自信的每一种幸运灵感的上帝。……**道德**，不再是一个民族的生命和成长条件的表达，不再是其最深刻的生命本能，而是变得抽象、变得反生命了，——道德之为想象力在根本上的恶化，作为看一切事物的“毒眼”。**什么**是犹太人的道德？**什么**是基督教的道德？偶然被剥夺了清白；不幸被“罪”这个概念所玷污；幸福被视为危险和“试探”；生理不适被“良心蠕虫”所毒害……

26

伪造了上帝概念，伪造了道德概念：——犹太教士们并未就此停住脚步。全部以色列的**历史**都无法征用：扔掉它吧！——这些教士们创造了伪造的奇迹，我们手中的圣经有一大部分都证明了

这一点：他们以一种对于每个传统、每个历史事实无与伦比的嘲
讽，把自己的民族历史**翻译成了宗教事务**，即从中弄出了一套愚蠢 195
的救赎机制，这套机制关乎在雅威和惩罚面前的罪责、在雅威和报
偿面前的虔敬。如果数千年来**教会**的历史解释没有把我们对于历
史诚实的要求弄得几近麻木的话，这种最可耻的伪造历史的行径
会让我们远为痛心。并且哲学家充当了教会的帮凶：甚至现代哲
学的全部发展都被“道德的世界秩序”这样的**谎言**所贯穿。何谓
“道德的世界秩序”？有一个上帝的意志永远地规定了人该做什
么、不该做什么；一个民族或个人的价值取决于在何种程度上服从
于上帝的意志；上帝的意志作为**统治者**——也就是根据顺从的程
度进行惩罚和奖赏的力量——在一个民族或个人的命运中得到证
明；这个可悲的谎言背后的**事实**是：一种寄生的人，一种只能通过
损害一切健康的生命教化而兴旺的人，也就是**教士**，滥用了上帝之
名：他把教士在其中规定了事物价值的事物状态称为“上帝之国”；
他把这样一种状态得以建立或保持所需要的手段称为“上帝的意
志”；他带着一种冷血的犬儒主义，根据对于教士优势的损益来评
判民族、时代和个人。且看看他们的作为吧：在犹太教士的手下，
以色列历史上的**伟大**时代变成了一个堕落的时代；流亡，这长久的
不幸变成了一种对于这个伟大时代的永久惩罚——在这个时代，
教士尚且不值一提……以色列历史上强有力的、**非常自由的**形象
被他们各按所需地弄成了可怜的胆小鬼、伪君子或“不信上帝的 196
人”，每个伟大事件的心理学均被他们简化为一个愚蠢的公式：“顺
从**或者**不顺从上帝”。——再进一步：“上帝的意志”，也就是教士
权力的保存条件，必须**为人知晓**——为此需要一种“启示”。更直

白地说：急需一场大的文学伪造，一本“圣经”被发现了——它在僧侣的排场、赎罪日和对于长久“罪恶”的嚎啕大哭中问世。“上帝的意志”长久以来就确定了：全部的灾难都因为人们背离了“圣经”……“上帝的意志”已经启示给摩西……发生了什么呢？教士已经带着严谨、迂腐永久地说出了**他想要什么**，“上帝的意志是什么”，这种严谨和迂腐细致到人们必须支付的大大小小的税（——别忘了最可口的肉：因为教士爱吃牛排）……从现在开始，所有生活事物都被如此安排，以至于**无处可以缺少**教士；在所有自然的生活事件中都可以见到神圣寄生虫，出身、婚庆、疾病、死亡、更不用说祭祀（“一日三餐”）了，他将这些事件**去自然化**：用他的语言来说，就是“圣化”……必须理解的是：每一种自然习俗、自然机构（国家，司法机构，婚姻，疾病和社会福利）、每一种源于生命本能的要求，简言之，一切**在自身中**有其价值的事物，都被教士的寄生生活（或“道德的世界秩序”）弄成在根本上没有价值、**反**价值了：然后，还需要一种制裁——急需一种**赋予价值**的权力，这种权力正是在它否定自然的地方才**创造**了一种价值……教士让自然失去了价值和**神圣性**：他就是为此而存在的。——对上帝的不顺从，也就是
197 对教士和“律法”的不顺从，现在被称为“罪”；多么糟糕啊，“与上帝重新和解”的办法只是更彻底地保障了教士的统治：只有教士能够“拯救”……从心理学上来看，在每个由教士来组织的社会中，“罪”都是必不可少的：它是真正的权柄，教士靠罪**谋生**，他需要人们“蒙罪”……最高的原理：“上帝宽恕忏悔者”——更直白地说：上帝宽恕**那些服从于教士的人**。——

27[①]

基督教，这个迄今尚未被战胜的反对实在的死敌，就生长在这样一个错误的基础之上——每一种自然、每一种自然价值、每一种实在都与统治阶级最内在的本能相违背。给一切事物都只保留了教士价值和教士话语的“神圣民族”，以一种令人恐惧的逻辑推理，

① 参看科利版第13卷，11[280]。第27—47节包含了尼采对原始基督教的解释，尼采将其解释为一场首先是反对犹太“教会”的和平起义；然而，作为起义，它已经位于其奠基者的反面了。科利版第13卷中的遗留残篇首次表明了尼采的解释所使用的原始材料；除了被他多次批判的恩斯特·勒南的著作之外，特别重要的是列夫·托尔斯泰和菲奥多·陀思妥耶夫斯基的著作。源自托尔斯泰的残篇迄今仍被搁置而未能发表，它本来可以使关于这个问题旷日持久的争论[霍夫米勒(J. Hofmiller)、希尔施(E. Hirsch)、本茨(E. Benz)，最后还有考夫曼(W. Kaufmann)]变得多余：即尼采是否读过托尔斯泰的《我的宗教》。曾经的尼采档案馆对此保持沉默，尽管他们很可能看到过尼采对托尔斯泰著作的摘抄；其中有些摘抄甚至还被作为尼采自己的残篇而收入《权力意志》来发表。弗兰茨·奥维贝克对尼采在《敌基督者》中的基督教解释做了如下评价：“您可以设想，这里所谈论的基督教，好比马西亚斯(Marsyas)之于阿波罗(译按：马西亚斯善吹笛子，他向阿波罗挑战，要用他的长笛和阿波罗的七弦琴一比高下，最终输给了阿波罗，后被阿波罗活生生地剥皮杀死。)这里的基督教所指的可并不是它的创立者——与尼采的成就和方式(在这里，从位格的本源要素中也有人性特征凸现出来)相比，迄今为止，所有想从这位创立者身上弄出一个人类形象的努力，都显得可笑、抽象，并且只是作为一种理性教义学的例证——而是其所有的跟随者。不过，我在这里也能找到过于激烈和完全不公正的地方。特别是，在我看来，尼采把基督教理解得太政治化了，并且，基督徒＝无政府主义者，这个等式的基础是一种对基督教在罗马帝国的‘事实’情形的估量，可这种估量在历史学上是很成问题的。在我看来，‘佛教和平运动’(尼采认为这原本是由耶稣引入的)在耶稣之后的基督教中依然存在，并且无论它多么严重地扭曲了原初的样子，它的保存程度比尼采所以为的仍然要高。尽管如此，这本‘敌基督者’仍然是一座独特的纪念碑，尼采自己关于这个论题的观点(此前只是散见于各处)也得到了根本地澄清。”(尼采致彼得·加斯特，1889年3月13日)——编注

将地上本来还有权力的一切都视为“不神圣的”、“世俗的”和“有罪的”，并与它们脱离干系——这个民族为自己的本能带来了最后一个表达形式，它合乎逻辑地导向自我否定：作为**基督教**，它否定了最后仅存的实在，即“神圣民族”、“选民”、**犹太性**(jüdische Realität)本身。这是一件具有头等重要性的事情：以拿撒勒人耶稣命名的小起义是犹太本能的**再一次**发作，——换言之，教士本能不再能够忍受教士的实在性；捏造了一种**更抽象的**此在形式，一种**更不实在的**世界幻象，胜过一个教会机构所规定的那样。基督教**否定**教会……

我看不出，将耶稣理解或**误解**为发起人的这场起义，除了反对
198 犹太教会——正是在我们今天就这个词所理解的意义上的教会——之外还有什么别的意图。这是一场反对“善人义士”、反对“以色列的圣者”、反对社会等级制的起义——**不是**反对社会腐败，而是反对等级、特权、秩序和形式；它是对“高等人”的**不信任**(Unglaube)，是对所有曾经的教士和神学家们说**不**。然而，由此被怀疑(即便只是一瞬间)的等级制，是置身“洪流”之中的犹太民族竟然还能存在下去的木桩建筑，是费尽力气抓住的保留自身的**最后**可能性，是其特殊的政治存在的残余：对它的攻击是对最深的民族本能、对世界上存在过的最坚韧的民族生命意志的攻击。这个——(如果福音书可信的话)用一种在今天也还可能被流放到西伯利亚去的语言——唤起低等民众、被开除者、“罪人”和**旃陀罗**来反对统治秩序的、神圣的无政府主义者是一个政治犯——只就政治犯在一个**极度非政治的**团体中是可能的而言。这把他送上了十字架：十字架上的铭文可以为证。他为**自己的**罪责而死，——没有

任何证据表明，他是为别人的罪责而死的，无论人们多么经常地这么断言。——

28

一个完全不同的问题是：他是否真的意识到了这样的对立？——难道他不是单单被**感受**为这一对立？我这才触及了**救世主心理学**的问题。——我承认，我很少读过像福音书这么难解的 199
书。这种困难不同于德意志精神博学的好奇心所证明的那种困难，这种证明是他们所庆祝过的最难忘的胜利。我也曾经像所有年轻的学者一样，用精微的语文学家的聪明的慢速，尽情享受无与伦比的施特劳斯[1]的著作，可这已经是遥远的事情了。那时我 20 岁：现在，我已经太严肃而不能再读这本书了。“传统”的矛盾与我何干？怎么竟然能够把圣人传说称为“传统”！圣人故事是世上最模棱两可的文献：**在没有其他证据的情况下**，就用科学方法来处理它，在我看来，这从一开始就注定了是要失败的——纯粹是学者在浪费时间……

29

我所关心的是救世主的心理学类型。这**或许能够**在福音书中

[1] 施特劳斯］1864 年尼采读过他的《耶稣传》。——编注［译按：大卫·弗里德里希·施特劳斯（1808—1874 年），1835 年发表《耶稣传》，否定福音传说的历史可靠性，认为《福音书》不是历史，而是神话。引起论战，导致黑格尔派的分裂，成为青年黑格尔派最早的代表人物之一。］

找到，尽管福音书总遭篡改或者被赋予不相干的特征：就像阿西西的方济各[1]的传说尽管具有传说性质，却仍包含了他的心理类型一样。问题不在于事实上他做了什么、说了什么、怎么死的：而在于他的类型究竟是否还可以被设想，他是否被“流传下来”了？——从福音书中甚至读出一个“灵魂”的历史，我所知道的这种努力，在我看来是一种可恶的心理学草率的证明。勒南先生，这个 psychologicis[心理学]上的小丑，在解释耶稣的类型的时候，引入了两个能就此给出的最不合适的概念：天才和英雄（“héros”）。但如果有某种东西是非福音的，那就是英雄概念。一切搏斗、一切战斗感的反面恰恰在这里成了本能：无能于反抗在此成为道德（“不
200 抗恶”是福音书中最深刻的话，在某种意义上是福音书的钥匙[2]），成为了和平、温顺及不能与人为敌中的极乐。何谓“福音”？真的生命、永生被发现了——不需要预言，它就在这里，就在你们当中：活在爱中，在没有例外、没有距离的爱中。每个人都是上帝的孩

---

① 阿西西的方济各（Franciscus von Assisi，1181—1226 年）：天主教方济各会创始人。托钵乞食，苦修布道，曾远游法国、西班牙、埃及等地，宣称清贫、悔改、弟兄相爱及和平的福音。相传他向鸟兽说教时，称燕子为“我的燕姊”，称树木为“我的树兄”。——译注

② “不抗恶”……]参看《马太福音》，第 5 章第 39 行；科利版第 13 卷，11[246，247]。在《我的宗教》第 12 页中，托尔斯泰写到：“成为我理解一切之关键的段落乃是《马太福音》第五章第 38—39 行：你们听他说过，以眼还眼，以牙还牙。我却要告诉你们，有人对你们作恶时，绝不要抵抗。”（Le passage qui devint pour moi la clef de tout fu celui qui est renfermé dans les 38e et 39e versets de Matth.，V.，Vous avez appris qu'il a été dit：Oeil pour oeil et dent pour dent：Et moi je vous dis de ne point résister au mal que l'on veut vous faire.）——编注[译按：托尔斯泰的引文与通行的圣经文本有差异，和合本中的经文为：“你们听见有话说：以眼还眼，以牙还牙。只是我告诉你们：不要与恶人作对。”]

子——耶稣完全没有单为自己要求什么——作为上帝的孩子，每个人都是平等的……把耶稣弄成一个英雄！——“天才”这个词又是何等的误解啊！我们对于“精神”的全部概念、“精神”这个我们的文化概念，在耶稣所生活的世界中根本就没有意义。在严格的心理学意义上来说，不如用一个完全不同的词语来得更恰当：白痴(Idiot)[①]。……我们知道，有这样一种触觉敏感病，一旦碰到或者摸到一个固定的对象，就会吓得往后退。且将这种生理 habitus［气质］推到它的逻辑极端——对每一种实在的源于本能的仇恨，逃入“不可思议”、“不可理解”之物，对一切形式、一切时空概念、一切坚固的东西、一切习俗、机构、教会都感厌恶，安居在一个任何实在性都不再能触及的世界，一个只还是“内在”的世界，一个“真实的”世界，一个“永恒的”世界……“上帝之国就在你们当中”[②]……

30

对实在源于本能的仇恨：因为一种对于痛苦和刺激的极端感受力，不愿再被“触碰”，因为觉得任何一种触碰都太强烈了。

对感觉中的一切喜好、敌意、边界和距离源于本能的排斥：因为一种对于痛苦和刺激的极端感受力，已然将一切反抗和反抗的 201
必要性感受为无可承受的不快(也就是说感受为有害的、与自我保

① 白痴］参看对科利版第 6 卷第 23 页第 7—11 行的注解。——编注［译按：该脚注内容为：参看科利版第 13 卷的残篇，11［314］；这个时期，尼采在陀思妥耶夫斯基的意义上来使用“白痴的”这个词。］

② “上帝之国就在你们当中”］《路加福音》，第 17 章第 20 行。——编注

存的本能**相抵触**的),并且只把不再抵抗任何人视为永福(快乐),无论是灾祸还是罪恶,都不予抵抗——爱是唯一的、**最后的**生存可能……

这就是救赎教义所源出并赖以生长的两个**生理学事实**。我称之为享乐主义在一个完全病态的基础之上崇高的继续发展。伊壁鸠鲁主义(异教的救赎学说)与之最为相近,即便要多出很多的希腊生命力和神经力。伊壁鸠鲁是个**典型的颓废者**:这是我首先发现的。——对于痛苦、哪怕是极其微小的痛苦都感到恐惧——这只**能**终结于一种**爱的宗教**……

31[①]

我预先给出了自己对于问题的回答。这个答案的前提是,留给我们的只是一个被严重歪曲的救世主类型。这种歪曲本身有着极大的可能性:因为许多原因,这样一种类型无法保持纯洁、完整、毫无添加。不但这个陌生形象所活动于其中的 milieu[环境]必定给他留下了痕迹,而且原始基督教团体的历史、**命运**更是如此:反过来,这个类型因此而充满了许多只有出于战争和宣传目的才能被理解的特征。福音书把我们带入的那个罕见、病态的世界——这个世界仿佛源自俄国小说,社会的渣滓、神经病患者和
202 "幼稚的"白痴仿佛在其中碰到了一起[②]——必定把这个类型给**弄**

① 参看科利版第13卷,11[378]。——编注

② 这个世界仿佛……]参看科利版第13卷,15[9],其中对陀思妥耶夫斯基的影射明白可见。——编注

得粗糙了：特别是第一批门徒们，他们首先将一个充满了象征的、不可理解的存在翻译成自己的粗话，这样才能从中理解一点什么，——对于他们来说，这个类型只有在被归于更熟悉的形式之后，才是存在的……先知、弥赛亚、未来的审判者、道德教师、奇迹创造者、施洗约翰等——恰有这么多的机会来误解这个类型……最后，我们不能低估所有大的崇拜、即教派崇拜的 proprium[特征]：崇拜磨灭了被崇拜者身上原本的、通常极为陌生的特征和特异体质——甚至看不见这些特征。没有一个像陀思妥耶夫斯基那样的人（我的意思是，一个能够感受崇高、病态和幼稚的这样一种混合之动人魅力的人）在这个最有趣的颓废者之旁生活过，人们本该为此而感遗憾。最后一个观点：作为颓废类型，这个类型其实是可以包含一种本己的多样性和悖谬性的：这样一种可能性不能完全被排除。然而，一切都在反对这个观点：如果是这样的话，传统就恰得忠诚和客观到令人奇怪的程度了：就此，我们有理由采纳相反的假定。一面是山上、海上和草地上的布道者，他的出现仿佛一位佛陀现身一块极少印度因素的土壤，一面是那个攻击狂，那个神学家和教士的死敌，勒南不怀好意地将其颂扬为“伟大的反讽大师”(le grand maître en ironie)[1]，这两方面分裂而成了一对矛盾。我自己并不怀疑，基督教宣传之激动人心的状态才将许多恶毒（甚至 esprit[精神]恶毒）充满了夫子的类型（Typus des Meisters）：一切教派主义者都毫无顾忌地借他们的夫子来编织自己的辩解，对

① “伟大的反讽大师”]参看埃内斯特·勒南：《耶稣的一生》，巴黎，1863年，第354页；另参科利版第13卷，11[385]。——编注

此我们是熟知的。当初始教团急需一个审判、抱怨、发怒、故意挑
203 剔的神学家来**反对**神学家的时候，他们就根据自己的需要来**创造**他们的“上帝”：就像他们毫不犹豫地让他说出那些他们当时不能或缺，但是完全非福音的概念一样，如“再临”（Wiederkunft）、“末日审判”、所有形式的时间性期待和预言。——

32①

再说一遍，我反对人们把狂热信仰者算到救世主类型中去：单单勒南所使用的“专横独断的”（impérieux）这个词已经**使**这个类型**无效**了。“福音”说的正是不再有对立了；天国属于**孩子**；在此所表达的信仰不是经过努力获得的，——它就在这儿，从一开始就存在，仿佛一种返回到精神中去的单纯。至少生理学家们知道，作为衰退的表现，被延误的、在机体上未发育的青春期是怎样一种情况。——这样一种信仰不发怒、不谴责、不反抗：它没有佩“剑”②，——它完全没有意识到，它有一天能够怎样地分离、切割。它也不证明自己，既不靠奇迹，也不靠奖赏和预言，更不靠“典籍”：它自己在每一刻都是它的奇迹、它的奖赏、它的证明、它的“上帝之国”。这种信仰也阐明自己，——它**活着**，它反对公式。当然，环境、语言和事先教育中的偶然性决定了某种概念圈子：最初的基督教**只**使用犹太-闪米特人的概念（——晚餐中的饮食也在此列，像

---

① 参看科利版第13卷，11[368,369]。——编注

② 它没有佩“剑”]参看《马太福音》，第10章第34行。——编注

所有犹太之物一样，这个概念也被教会滥用了[1])。可是得小心，不要在一种象征性的言说、符号学和譬喻之外看到更多的东西。没有一个词语是从字面上被理解的，恰恰这一点是这个反实在主义者竟然还能说话的条件。要是在印度的话，他会使用数论派(Sânkhyam)的概念，要是在中国的话，他会使用老子的概念—— 204
并且不会觉得有什么不同。——要是在用语上放宽一点的话，人们可以把耶稣称为一个“自由精神”——一切稳固的东西对他而言都是无所谓的：词语**杀人**，一切稳固的东西都**杀人**。只有他才那样理解的“生命”概念和**经验**，在他看来，与一切形式的词语、公式、律法、信仰、教义相违背。他只说最内在之物：“生命”、“真理”或“光”是他用来言说最内在之物的词语[2]，——其他的一切，全部实在、整个自然，乃至语言本身，对他来说，只有一种符号、譬喻的价值。——在这一点上，千万不能理解错了，无论基督教的(我愿意说**教会的**)成见多么有诱惑力：这样一种杰出的象征手法位于一切宗教、文化概念、历史、自然科学、世界经验、知识、政治、心理学、书籍和艺术之外——他的“知识”正是对于**这回事**(即存在着这些东西)的**纯然无知**[3]。对于**文化**，他从未有过耳闻，他无须与之作战，——他并不否定它……这也适用于**国家**、全部的市民秩序、社会、**劳动**和战争——他绝无理由去否定“世界”，他从未想到过教会

① 晚餐中的饮食……]参看J.威尔豪森：《阿拉伯异教之残余》[译按：《随笔与试作》第三卷]，柏林，1887年，尼采藏书，第106页；尼采也研读并摘记了这本书：参看科利版第13卷，11[287—293]。——编注

② 比如参看《约翰福音》，第14章第6行。——编注

③ 纯然无知]付印稿：全然的无知识状态。通过这个改进，尼采想要影射帕西法尔的“纯粹愚人”。——编注

的“世界”概念……否定恰是他完全不可能做的。——同样也没有辩证法，没有这样一种观念，即认为一种信仰、一个“真理”能够通过理由来证明（——他的证明是内心的“光”，内在的快乐和自我肯定，纯然“力量的证明”——）这样一种学说也不能被反驳，它根本就不知道还有其他学说的存在，还有其他学说能够存在，它根本不
205 能想象一个相反的判断……如果它遇到了，它会出于最内在的同情为“盲目”而悲伤，——因为它看见了“光”——，但不会提出异议……

33[①]

在全部“福音书”心理学中，都没有罪责（Schuld）与惩罚（Strafe）的概念；同样也没有奖赏的概念。“罪”（Sünde），任何一种上帝和人之间的距离关系，都被废除了——这正是“福音”。永福不被预告、不受缚于条件：它是唯一的实在——其余的都是用于言说它的符号……

这种状态的结果反映在一种新的行为方式上，即真正福音的行为方式。使基督徒与众不同的不是一种“信仰”：基督徒行动，他通过另一种行为来区别于其他人。他既不通过言语，也不在心中对抗那向他行恶的人。他不在陌生人和熟人、犹太人和非犹太人之间作区分（“邻人”原本是有共同信仰的人，犹太人）。他不对任何人动怒、不藐视任何人。他既不上法庭告发别人，也不让自己被

① 参看科利版第13卷，11[357]。——编注

告发（“不起誓”）。他绝不休妻，即便妻子的不忠被证实。——一切在根本上只是同一个原理，一切都是同一种本能的结果——[①]

救世主的生活无非就是这种行为方式，——他的死也是如此……他不再需要形式、仪式来与上帝沟通——甚至无须祷告。他抛弃了全部犹太教的忏悔、和解教义；他知道如何只通过生活方式（die Praktik des Lebens），就让人觉得是“神圣的”、“有福的”、“得着福音的”，觉得自己任何时候都是“上帝的孩子”。通往上帝的道路不是“忏悔”，不是“祈求宽恕的祷告”：只有福音的行为方式能够通往上帝，它就是“上帝”。——福音书废除了“罪”、“恕罪”、“信仰”、“通过信仰得救”这些概念构成的犹太教——犹太教全部的教会论都在“福音”中被否定了。 206

当人们在另外任何一种行为中都完全没有“感到在天上”的时候，人如何生活，才能感到自己“在天上”，觉得自己是“永恒的”：只有为此所需的深层本能才是“救赎”的心理学实在。——一次新的变革，而非一种新的信仰……

34[②]

如果我对这个伟大的象征主义者[③]有所理解的话，那就是这一点，即他只把内心的实在视为实在和“真理”，——其余的东西，

① 这种状态的结果……］关于这一段，特别参看登山宝训，《马太福音》，第5—7章。——编注

② 参看科利版第13卷，11[354，355]。——编注

③ 象征主义者］付印稿：象征学家。——编注

一切自然、时间、空间、历史之物都只被理解为符号和譬喻手段。“人子”[①]概念不是历史中一个具体的人，不是任何一个个人、一个唯一的人，而是一种“永恒的”事实性，一个超脱于时间概念的心理学象征。这也适用于，并且是在最高的意义上适用于，这个典型的象征主义者的**上帝**、“上帝之国”、“天国”、“上帝的子女”等。没有什么比**教会粗暴地**将上帝理解为**人格**、将“上帝之国”视为**将要到来的**、将“天国”视为**彼岸的**、将“上帝的儿子”视为三位一体中的**第二位格**，更加非基督了。所有这些都是与福音的马嘴（怎样的一张马嘴！）不相匹配的**牛唇**（请原谅我的这个说法）[②]；一种**世界历史的犬儒主义**在嘲笑象征……可是，“父”“子”这样的符号指的是什么，是很显然的——我承认，并非对于所有人都是显然的：“子”所表达的是向万物的总体圣化感（das Gesammt-Verklärungs-
207 Gefühl）的**进入**（永福），“父”所表达的是**这种感受本身**，是永恒、完满的感受。——回想起教会对这种象征主义的所作所为真是让我感到可耻：教会难道没有在基督“信仰”的门槛上放了一个安菲特律翁（Amphitryon）的故事[③]吗？还要加上一个“童贞受孕”

① 参看勒南：《耶稣的一生》，第 243 页；科利版第 13 卷，11[389]。——编注

② 原文 Faust auf dem Auge 源于德语词组 etwas passt zu jemandem wie die Faust aufs Auge，意为某物与某人不相匹配。德文的字面义是“拳头”不对“眼睛”，即我们所谓的牛唇不对马嘴。尼采在用词组义的同时也戏用字面义，这给翻译带来了困难，不得已，只有以“牛唇马嘴”代“拳头眼睛”。“怎样的一双眼睛”也改译为“怎样的一张马嘴”。——译注

③ 希腊神话中的底比斯王。阿尔克墨涅在嫁给安菲特律翁之前，要求他为自己的兄弟报仇。可就在他离家征战的时候，宙斯爱上了她，在他回师之前，宙斯扮作她的未婚夫来访，与她生下了赫拉克勒斯。——译注

的教条？[1] ……然而，教会恰由此而玷污了受孕— —

“天国”是一种心灵状态——而非某种悬于“大地之上”或者“死后”降临的东西。在福音中找不到任何有关自然死亡的概念：死亡不是桥梁、不是过渡，死亡缺席，因为它属于另一个完全虚假的、只是作为符号才有用的世界。“死亡的时刻”不是基督的概念——“时刻”、时间、物理的生命及其危机，于“福音”教师而言，是完全不存在的……“上帝之国”不是任何一种被期待之物；它没有昨天和后天，它不在“千禧年”[2]到来——它是一颗心灵的一种体验；它无处不在，它又不在任何地方……

35[3]

这个“福音大使”的死亡如同他的生活、他的教诲——不是为了“拯救人类”，而是为了告诉人们必须怎样生活。他遗留给人类的是一套行为方式：他在审判者、追捕者、控告者和所有形式的侮辱、嘲笑面前的行为举止，——他在十字架上的行为举止。他不反抗，不为自己的权利辩护，他不移动哪怕一步来避开最坏的事情，他甚至要求最坏的事情……他祈求，他受苦，那些对他行恶的人，他的爱与他们同在、在他们当中……对同钉十字架上的罪犯所说

① 还要加上一个……］“童贞受孕”的教条（1884年12月8日）并非指向（尼采看似这样认为）基督，而是指向马利亚的出生，也就是说马利亚是她的母亲没有“原罪”而怀上的。——编注

② “千禧年”］参看《启示录》，第20章第4行。——编注

③ 参看科利版第13卷，11［354］，11［378］。——编注

的话包含了全部福音。罪犯说："这真是一个神性的人，一个'上帝
208 的孩子'。"救世主回答说："如果你这么想，那么你也在天国，连你
也是上帝的孩子……"[①]不保护自己，不发怒，不让别人负责……
甚至也不对抗恶人，——而是爱他……

36[②]

只有我们，我们变得自由的精神，才具备条件去理解十九个世纪以来遭受误解的东西，——这条件就是那种化为本能与激情的真诚(Rechtschaffenheit)，这种真诚与"神圣的谎言"交战，甚过与其他任何一种谎言交战……人们曾无比远离我们所热爱和珍视的不偏不倚，远离那种精神素养，只有具备这些才可能猜出如此陌生、如此细腻的事物：人们出于一种不知廉耻的利己主义，在每个时代都只要他们自己的好处，人们背离福音建立了教会……[③]

① 对同钉十字架上的罪犯……]参看为《敌基督者》所写的编者前言。尼采所说的，是与耶稣同钉十字架的两名罪犯中的一位，这个故事只有在《路加福音》的受难记中有记载(第23章第39—43行；相反的记载请参看《马太福音》，第27章第44行和《马可福音》，第15章第31—32行)。然而，尼采让罪犯所说的话，其实是基督死后百夫长所说的话：参看《路加福音》，第23章第47行；《马太福音》，第27章第54行；《马可福音》，第15章第39行。或许是为了让人们不至于怀疑尼采征引《圣经》的稳靠性，尼采档案馆略去了这一处；参看约瑟夫·霍夫米勒(J. Hofmiller)，出处同上，第94页以下。——编注

② 参看科利版第13卷，11[358]。——编注

③ 人们背离福音……]参看科利版第13卷，11[257，276]，托尔斯泰：《我的宗教》，第220页："而我确信，教会的教义尽管取了基督教的名，却很像这些黑暗，耶稣曾与它们斗争，也教导他的门徒与之斗争"(Et j'acquis la conviction que la doctrine de l'Eglise, quoiqu'elle ait pris le nom de chrétienne, ressemble singulièrement à ces ténèbres contre lesquelles luttait Jésus et contre lesquelles il recommande à ses disciples de lutter)。——编注

谁要是搜寻迹象，来证明在巨大的世界游戏背后有一个反讽之神（eine ironische Göttlichkeit）在操纵，那么他会在名为基督教的巨大问号中找到不少依据。人类向之屈膝下跪的恰与福音的根源、意义和权利相反对，他们在“教会”这个概念中奉为神圣的恰是“福音大使”踩在脚下、抛在身后的东西——我们找不到比这更大的世界历史反讽了——

37

——我们的时代为自己的历史意识而感骄傲：它以为，立于基 209
督教开端处的是行奇迹者和拯救者这种粗糙的寓言故事，所有精神性的和象征性的东西都是后来的发展，它是如何能够让人相信这个胡说的呢？其实恰恰相反：基督教历史——并且从十字架上的死亡开始——是一个原本的象征体系逐步被误解、而且误解不断变得更加粗糙的历史。每当基督教传播到更广泛、更粗俗的大众，越来越偏离基督教所产生的条件，就越是有必要把基督教粗俗化、野蛮化，——它具有所有罗马帝国地下崇拜的教义和仪式，吸收了所有形式的病态理性的胡说八道。基督教信仰本身必定要变得这么病态、这么低俗，因为它所要满足的需要是病态和低俗的，基督教的命运就在于这种必然性。病态的野蛮最终在教会中取得了权力，——教会是每一种真诚、每一种灵魂高度、每一种精神教养、每一种正直和善良的人性的死敌形式。——基督教的——和高贵的价值：我们变得自由的精神，我们才恢复了这个所有价值对立中最大的对立！——

38

——行文至此，我不禁要哀叹了。有些时候，一种比最黑暗的忧郁还要黑暗的感受向我袭来——**对人类的鄙视**。我毫不怀疑我鄙视的是**什么**、是**谁**：正是当今的人类，我不幸与之同时代的人们。当今的人类——他们污浊的气息让我感到窒息……与所有求知者一样，我对过去总是抱有极大的宽容，即**宽容地**克制自己：我带着
210 灰暗的谨慎穿越整个千年的疯人院世界，无论称之为“基督教”“基督信仰”，还是“基督教会”，——我避免让人类为其精神疾病负责。但是，一当我走进现代、走进**我们自己的**时代，我的感受就突然转变，爆发出来。我们的时代是**追求知识的**(wissend)……同样一件事，在过去只是疾病，在今天却是不正派，——在今天，做一个基督徒是不正派的。**我的恶心从这里开始**。——我环顾四周：过去称之为“真理”的东西已经只字无存，即便教士只是提到“真理”这个词，我们也不再能够忍受了[①]。即便对于真诚只有最低的要求，我们今天也**必定**知道，一位神学家、教士和教皇所说的每一句话都不只是错误的，而且是在**说谎**，——已不能听凭他“无辜”、“无知”地说谎了。教士和所有人一样清楚地知道，“上帝”已经不再存在，也不存在“罪人”和“救世主”，——“自由意志”、“道德的世界秩序”都是**谎言**：——严肃的态度、精神[②]之深刻的自我克服已经不再**允许**

① 我们也不再……]付印稿：我甚至做不到，只是去忍受它。——编注

② 精神]付印稿：两千年来最严谨、具有最高思想的精神。——编注

任何人对此茫然无知了……所有教会的概念都被认出了本来面目，都被看作迄今最邪恶的伪造，用以废黜自然、自然价值的价值；教士自己也被认出了本来面目，被视为最危险的寄生虫和真正的生命毒蜘蛛[1]……[2]如今，我们知道，我们的良心知道——，教士和教会的那些可怕的发明究竟有什么用，目的是什么，人类用这些发明来自我损害，来让人对他们的面容感到恶心——即发明“彼岸”、“末日审判”、“灵魂不死”，还有“灵魂”这些概念；它们是酷刑工具，是残酷的体系[3]，教士借此来成为并保持为主人……这是
人所共知的：可是一切照旧。[4] 如果我们的政治家[5]（他们通常是 211
极不拘束于成见的人，在行为上是完全的敌基督者）如今还要自称为基督徒，还要出席圣餐，哪里还有一点点礼节、还有对自己的尊重呢？……一个年轻的[6]君王，位于其政权的顶端，堂皇地作为其人民的自私和自负的表达，——却毫无廉耻地承认自己是基督徒！……基督教所否定的究竟是哪些人？什么是它所谓的“俗世”（Welt）？就是战士、法官和爱国者；就是保卫自己的人；就是保持

---

[1] 教士自己也被……]笔记本 W Ⅱ 8，第 151 页：教士——这种寄生虫，这种天生的生命[掺毒者]吸血鬼——这种生命的寄生虫和毒菌。——编注

[2] 真正的生命毒蜘蛛]付印稿：生命的吸血鬼。——编注

[3] 残酷的体系]付印稿：灵魂的残酷。——编注

[4] 即便教士只是提到“真理”这个词……]笔记本 W Ⅱ 8，第 147—148 页：每个人都知道，每个人都能知道：既没有一位上帝，也没有罪、拯救者、“自由意志”和道德的世界秩序的存在；教士是所有寄生虫中最令人厌恶的一种；基督教是求虚无的意志、求没落的意志、求人类的自我败坏的意志；——彼岸、灵魂不朽和灵魂本身都变成了可悲的谎言。尽管如此，一切照旧：并且正是因为一切都更新了、一切都变得现代了，顽固不化（beim-Alten-bleiben）才会激起鄙视。——编注

[5] 影射俾斯麦。——编注

[6] 年轻的]参看《敌基督者》的编者前言。——编注

自己的荣誉的人；就是要求自身利益的人；就是骄傲的人……今天，每时每刻的每种行为方式，每种本能，每个在行为中被贯彻的价值评价都是敌基督的：现代人必得是怎样一个虚伪的怪胎，才能让他尽管如此还毫不知耻地自称为基督徒！———

39

——我回到正题，我开始讲述基督教真正的历史。——"基督教"一词本身就已经是一种误解——，根本来说，只有一个基督，并且已经死在十字架上。"福音"死于十字架。从这一刻开始，被称为"福音"的，已经与他所践履的恰相反对：是一个"坏消息"[①]，一个厄音（Dysangelium）[②]。把一个"信仰"（即相信可以通过基督而得救）看作基督徒的标志，这是错误的，甚至是一种胡说：只有基督的行为方式，只有像死于十字架上的耶稣所生活过的那样去生活，才是基督性的……这样一种生活在今天也还是可能的，对于某些人来说，甚至是必要的：真正的、原本的基督教在任何时代都是可能存在的……不是一种信仰，而是一种行为，首先是许多事情上的

① "福音"在德文中有两个表达方式：Evangelium 和 die frohe Botschaft，前者仍用希腊文词根，是对希腊词的拉丁化转写，后者是解释性的翻译（"福音"即"好消息"）。尼采在文中常用"好消息"作字面游戏，比如这里的"坏消息"（schlimme Botschaft）和 35 节的"福音大使"（froher Botschafter）。——译注

② 尼采这是在用表示福音的另一个词 Evangelium 做文字游戏，用 Dys[坏的、不良的]代替 Ev[好的]作前缀。Dysangelium 与 schlimme Botschaft 其实同义。——译注

无为，是另一种存在……[①]意识状态，比如任何一种信仰、一种持以为真——每个心理学家都知道——与本能的价值相比，是完全无关紧要的，只具有第五位的价值：严格来说，精神[②]因果性的所有概念都是错的。将基督存在、基督性化约为一种持以为真、一种纯粹的意识现象，这意味着否定[③]基督性。事实上根本就不存在基督徒。两千年以来被称为基督徒的"基督徒"是一种纯粹的心理学上的自我误解。仔细看来，不管什么"信仰"，在其中起支配作用的只是本能——这是怎样的本能啊！——"信仰"在任何时候，比如在路德，都只是一件外套，一个借口，一张帘幕，背后是本能在玩它的游戏——，这是对某种本能统治狡猾的茫然无视……"信仰"——我已将之称为真正的基督教巧智，——人们嘴上说的总是"信仰"，却永远只是从本能出发来行动……基督徒的观念世界中没有什么哪怕和现实有点关系的东西：相反，我们发现，对任何一种现实性的仇恨本能是位于基督教根本处的驱动因素、唯一的驱动因素。这意味着什么呢？即便在psychologicis[心理学]中，错误也是根本的(radikal)，即规定本质的，也就是实体。去掉一个概念，仅仅代之以一个实在——全部基督教就化为乌有了！——从高处往下看，一种不只是被错误所规定，而且只在有害的、只在毒害生命和心灵的错误上有创造性甚至有天赋的宗教，这一切事实中最奇特的事实，只不过是为诸神而演出的一幕戏剧，——这些神 212

① 这样一种生活在今天……]笔记本 W Ⅱ 8，第 146 页：信仰是基督教"福音"的根本错误。——编注

② 精神]付印稿：有意识的精神。——编注

③ 否定]付印稿：废除。——编注

灵同时也是哲学家，比如在那些著名的纳克索斯岛（Naxos）对话中[1]我所遇见的就是这些神灵[2]。当厌恶从他们那儿（——也从我们这儿！）淡去的时候，他们会感谢基督徒的表演：被称为地球的可
213 怜的小小星球，或许只因这件奇怪可笑的事情而博得一线神性的目光，博得神灵的同情（Antheilnahme）……因此，我们切莫低估了基督教：错误以至于无辜的基督徒比猿猴要高出许多，——就基督徒而言，一种著名的起源理论成了纯粹的恭维……

40[3]

——福音的厄运系于死亡，——悬于“十字架”之上……只有死亡，这种出乎意料的、可耻的死亡，只有通常只留给坏蛋的十字架，——只有这个最骇人听闻的悖论，才把门徒带向真正的谜语：“这是谁？这是什么？”——震惊的、在最深处被侮辱的感受，怀疑这样一种死亡反驳了他们的事业，以及可怕的疑问：“为什么会是这样？”——如此种种并不难于理解。在此，一切都得是必然的，得具有意义、理性、最高的理性；门徒的爱不容许偶然。鸿沟至此才显现出来：“谁杀了他？谁是他的天敌？”——这个问题像闪电一样蹦出来。答案：居统治地位的犹太教，其最高的阶层。在这一刻，人们感到是在反叛秩序，人们随后把耶稣理解为对秩序的反叛。

---

① 在那些著名的……］参看《偶像的黄昏》，“漫游”第19节及其脚注。——编注

② 这些神灵同时也是……］笔记本 W Ⅱ 8，第145页：我也将心理学家归于这些神灵的行列。——编注

③ 参看科利版第13卷，11[378]。——编注

在此之前，这种战斗的、言语和行为上否定的特征在他的形象中一直是**缺席的**；他的形象甚至与之相反。显然，小教团恰恰**没有**抓住要害：以这种方式去死所具有的典范意义、**超越于**任何一种 ressentiment[怨恨]的自由和优越：——这表明他们对于耶稣根本上只有多么少的理解！耶稣无非是要用自己的死亡，公开地给他的教诲以最强的检验和**证明**。……然而，他的门徒们却远未能够**宽恕**这次死亡，——宽恕，本可以是最高意义上的福音；甚或，也**让**自己
怀着温柔、可爱的宁静以相同的方式死去……重又兴起的恰恰是 214
报复，是这种与福音最相反对的感受。这次死亡所导致的事情不可能有个完结：人们需要“复仇”和“审判”（还有什么比“复仇”、“惩罚”、“审判”与福音精神更加相悖的呢！）。对于弥赛亚的流俗期待再一次兴起；眼中浮现一个历史时刻：“上帝之国”降临，审判他的敌人……但是，一切都由此而被误解了：“上帝之国”被视为终结行动、视为预言！可福音恰恰已是这个“国度”的此在、实现和**现实性**。这样一种死亡恰恰**已是**这个“上帝之国”……现在，人们才把对于法利赛人和神学家的全部藐视和愤恨注入夫子的类型，——人们由此而把他**弄成**一个法利赛人和神学家！另一方面，这些灵魂完全陷入混乱，他们变得粗野的崇拜不再能够忍受人人具有同等的福音权利，去成为上帝的孩子，而这是耶稣所教导的：他们的报复是，以一种无度的方式把耶稣**向上提升**、与自身相脱离：这与犹太人的做法完全相同，犹太人出于对其敌人的报复而将他们的上帝与自己分离并提升至高处。一个上帝和一个上帝的儿子：两者都是 ressentiment[怨恨]的作品……

41[①]

——从现在开始,一个荒谬的问题出现了:“上帝怎么能够让这样的事情发生!”小教团错乱的理性为此找到了一个简直荒谬得可怕的答案:上帝把他的儿子作为牺牲来赦罪。福音是怎样被一笔勾销的!赎罪祭(Schuldopfer),并且是其最令人反感的、最野
215 蛮的[②]形式,即为有罪责者的罪责而牺牲清白无辜的人!多么可怕的异教!——耶稣自己却废除了“罪责”的概念,——他否定了人神之间的任何一道鸿沟,他将人神一体(Einheit vom Gott als Mensch)[③]作为他的“好消息”来生活……而不是作为特权!——从现在开始,我们逐渐进入了救世主类型:审判和再来的教义、死亡之为一种献祭的教义、复活的教义,这时,“永福”的全部概念、福音全部和唯一的实在都像变戏法一样在弹指之间无影无踪了——为了一种死后的状态!……保罗以那种体现他全部人格的拉比式的狂妄将这种理解、这种淫乱的理解逻辑化了:“基督若是没有从死里复活,我们的信仰就是徒然的。”[④]——福音一次性地变成了所有无法实现的诺言中最可鄙视的一种,变成了关于个人不死的无耻教义……保罗自己还把这作为奖赏来教导!……

① 参看科利版第13卷,11[378]。——编注

② 最野蛮的]付印稿:最具有野蛮性质的。——编注

③ Vom Gott als Mensch]大八开本版:von Gott und Mensch(根据彼得·加斯特在付印稿中的修改)。——编注

④ “基督若是……”]《哥林多前书》,第15章第14行。——编注

42①

我们看到,**什么**随着十字架上的死亡而终结了:一种新的、完全本源的萌芽,它本可以通向一种佛教的和平运动、一种现实的**而非**只是被允诺的**地上幸福**。因为这始终是——我已经强调过——两种颓废宗教的根本区别:佛教不许诺,而是履行,基督教许诺了所有,却**什么都不履行**。——跟着“好消息”而来的是**最坏的消息**:保罗的消息。与“好消息”相对立的类型体现在保罗身上,在仇恨、仇恨幻景、无情的仇恨逻辑上,保罗是个天才。这个厄音传播者(Dysangelist)向仇恨献上的祭品都是**什么**!首先是救世主:他把 216
救世主钉上了**自己的**十字架。全部福音的生命、例证、教诲、死亡、意义和权利。——当这个出于仇恨而进行伪造的伪造者,明白了唯有什么他可以使用的时候,就没有什么继续存在了。实在**不存在了**,历史真理**不存在了**!……犹太人的教士本能再一次对历史犯下了同样巨大的罪行,——他将基督教的昨天和前天简单地一笔勾销,他**自己捏造了一个原初基督教的历史**。此外:他再一次歪曲了以色列历史,从而让它看起来像**他的**行为的前史:所有的先知都论及**他的**“救世主”……后来,教会甚至将人类历史歪曲为基督教的史前史……救世主的类型,他的教义,他的行为方式,他的死亡,及其死亡的意义,甚至死后的事——无不被触及,没有什么哪怕还与现实有点相像。保罗简单地将那整个此在的重点转移到这

① 参看科利版第13卷,11[378,383]。——编注

个此在之后，——移到耶稣“死后复活”的谎言中去了。他在根本上完全不需要救世主的生活，——他所必需的是十字架上的死亡以及一些其他的东西……如果当保罗——他的家乡是斯多葛启蒙运动的中心——从一种幻觉出发来证明救世主仍然活着，我们就把这当真，或者只是相信他说他有这种幻觉，在一个心理学家看来，这都是一种名副其实的愚昧（niaiserie）：保罗想要达到目的，于是他也需要手段……他自己所不相信的东西，他向其撒播自己的教义的那些白痴却深信不疑。——他所需要的是权力；教士想要借着保罗再次取得权力，——他只能使用概念、教义和象征来对大众实行僭政，来教化牧群。——后来的穆罕默德从基督教中吸
217 收的只是什么？保罗的发明，他用来实行教士僭政、牧群教化的手段，对于不朽的信仰——即关于“审判”的教义……

43

当人们不把生命的重心放在生命上面，而是将其转移到“彼岸”——移入虚无——，那么人们就完全夺取了生命的重心。个人不死的大谎言摧毁了本能中所有的理性和自然，——本能中所有对人有好处的、促进生命的、保障未来的东西从现在开始都引起怀疑了。生命没有意义，像这样去生活，现在这成了生命的“意义”……还要什么共同体精神，还要什么对于出身和先辈的感恩，还要什么共同劳动、信赖、促进和关心任何一种整体福利？……同样多的“诱惑”，同样多的东西把我们从“正路”上引开——“不可少的只有

一件”[1]……每个人作为“不死的灵魂”都与其他人处于相同的等级，每个个体的“拯救”在全部存在者整体中都可以要求永恒的重要性，每个小人物和脑残者都可以想象，自然法则为了他们而不断地被打破——每种形式的利己主义[2]都这样夸大[3]到无限、无耻之境[4]，[5]对此，无论带着怎样的鄙视严厉谴责，都不为过。不过，基督教的胜利倒要感谢对于个人虚荣心[6](Personal-Eitelkeit)的这种可怜的谄媚，——恰是所有不幸的人、想要暴动的人、误入歧途的人、所有人类的渣滓由此而说服自己接受基督教。“灵魂的拯救”——用大白话来说：“世界围绕着我打转”……“人人权利平等”学说的剧毒——基督教在根底上为其播下了种子；基督教从恶劣本能至为隐秘的角落出发，向人与人之间的每一种敬畏和距离感 218
宣布生死之战，而这种敬畏和距离感是每一种文化提高和成长的前提，——它用大众的怨恨打造其主要装备，来攻击我们，攻击地上所有高贵、快乐、心胸宽广的人，攻击我们在地上的幸福……[7]

① 《路加福音》，第10章第42行。上文第20节尼采也引用了这句话。——译注

② 利己主义]付印稿：二流子的利己主义。——编注

③ 这样夸大]付印稿：这样无耻地恢复并且夸大。——编注

④ 到无限、无耻之境]付印稿：，借着对“更高使命”的要求。——编注

⑤ 每个人作为“不死的灵魂”都与其他人……]笔记本 W Ⅱ 8，第141页：每个个体的拯救在全部存在者整体中具有一种不朽的重要性，——小人物和谎言圣徒(Lügen-Heilige)可以自以为是上帝的一种核心关切(Mittelpunkt-Interesse)——借着要求“更高的任务”来最无耻地恢复二流子的自私自利。——编注

⑥ 个人虚荣心]在付印稿中此后被划掉：最低阶层。——编注

⑦ “人人权利平等”学说的剧毒……]笔记本 W Ⅱ 8，第142页：每个时代的基督教都凭借“人人权利平等”的灵魂原子学来为有毒的谋反之心，为反对一切高贵、美丽与心满意足之物的怨恨播下了种子——兴民主、闹革命，无非是那种基督教———的一种实践。——编注

承认每一位彼得和保罗的“不朽”，这是迄今为止对高贵人性最大、最恶毒的谋杀。——并且，我们切莫低估基督教给政治悄悄带来的危害！今天没有人还有勇气要求特权、统治权，以及对自己和对其同类的敬畏之心，——要求距离的激情(Pathos der Distanz)……我们的政治因为缺少勇气而害病！——思想观念上的贵族主义(Aristokratismus der Gesinnung)被灵魂平等的谎言挖去了最深的根基；当对于“大多数人的优先权”的信仰，掀起、将要掀起革命的时候，无需怀疑，每场革命只不过把基督教、基督教的价值判断转变成了鲜血和犯罪![①] 基督教是一场所有在地上爬行的人反对有高度之物的暴动：“低等人”的福音降低事物……[②]

44[③]

——作为原初教团内部已无可避免的腐败的见证，福音书的

① 当对于“大多数人的优先权”的信仰……]笔记本 W Ⅱ 8，第 141 页：对于大多数人的优先权的信仰所爆发的革命，只是基督教的价值判断转变成了肌肉……——编注

② 基督教是一场……]付印稿：基督教是反对一切有价值之物的群盲暴动，——“低贱者”的福音。——编注

③ 参看科利版第 12 卷，10[72，73]。在笔记本 W Ⅱ 8，第 141 页中的草稿：43./作为对于原初教团内部已无可避免的[完全的]腐败的见证，福音书的价值无可估量：后来保罗所做的，无非是凭着一个拉比卓越的[本能确定性]逻辑犬儒主义(Logiker-Cynismus eines Rabbiners)完成随着救世主的死亡就已经开始的衰败过程(Verfalls-Prozess)。[在此说一句适用于全部《新约》的话，并没有什么不合适。] 我们在读这些福音书的时候，无论怎样小心谨慎都不为过：这一类书包含了最大的困难。在此达乎言辞的东西与一切肤浅幼稚的腐败相反，福音书是极为精巧的一种腐败。　此外，还有笔记本 W Ⅱ 6，第 13 页：43.:/[对于一位心理学家而言(假定他不是一个冒牌的心理学家)，阅读《新约》并非一项小任务。如此之多的腐败所造成的印象太过强烈；他几

价值无可估量。后来保罗所做的，无非是凭着一个拉比的逻辑犬儒主义（Logiker-Cynismus eines Rabbiners）完成随着救世主的死亡就已经开始的衰败过程。——我们在读这些福音书的时候，无论怎样小心谨慎都不为过；在每一个词语的背后都隐藏着困难。我承认，于我而言，人们可说这是桩好事，因为它们恰恰因此而成为一位心理学家最高的享受，——与一切肤浅幼稚的腐败**相反**，它们有着极为精巧的诡计，它们是心理学腐败中的艺术品。福音书 219
自足圆满。全本圣经无与伦比。为了不至于完全摸不着线索，**首**

乎得有英雄性的手段来恢复自身（比如读几页佩特洛尼乌斯：[———]）这本书有它自己的路径（——也有它自己的一条路）：它与（每）一种肤浅幼稚的腐败**相反**，它是（极为）精巧的一种腐败。]　被尼采划掉的这个开头由上面笔记本 W Ⅱ 8，第 141 页中重新写的那一段来代替；笔记本 W Ⅱ 6，第 13 页中的草稿接着还有：我们处于犹太人当中：第一个观点，为了不至于完全摸不着线索。这种近乎天才的自我伪装，伪装成"圣徒"，这种作为**艺术**的心理学伪造并非任何一种个别天赋[一种个别天赋][一个家族]、任何一种特殊本性的结果：而是**种族**之功——基督教作为说神圣谎言的艺术，在其中犹太教[犹太本能]再一次达到了[它的高峰]，一种百年来的犹太预演和技术再一次达至圆融之境。根本的[决断][意志只]运用概念、词语和姿势[不该相信任何一句话：教士的———的话][只有教士才能使用的，]这在教士的实践中是有用的，[闭眼]除了以教士的方式允许价值和态度之外[除了教士心理学所允许的说话和行为方式之外]，对于任何一种别的可能性都有本能上的逆反，这不只是传统，而是**遗传**：只有作为遗传[才能实现这种完成][它在此变成了天才]，它才能在这里像自然一样起作用。（全部）人类都让自己被骗了：[为此]可不是一个小提示，这里的表演多么好[多么伟大的艺术]、多么惊人。——如果我们**看到**，即便[只是一瞬间]只是瞥见，[所有]这些渺小的伪君子和圣徒，那可就完蛋了：我们会完全无法忍受[咽下]他们[睁眼]睁开双眼的[一种]某种方式。——幸好，它只是**文艺读物**（Litteratur）：基督教的可能性在于，人们无法用神圣的漫画来衡量它的"圣书"，神圣的漫画在圣书中[寻章摘句][运用艺术]练习它们的艺术["神圣地说谎"]"说神圣谎言"的艺术……/这些小魔鬼们，局限于一切恶毒和狭隘的感受，对自己的任务却有十足的把握，即如何去在地上表现"圣者"；对于举止、颜色和额头的皱纹有着隐藏的骄傲，他们就带有对于这种骄傲的每一种本能；艺术中的心理学家，在对象的外观之下满足一切虚荣的、自私的需要。我们且来看一眼他们的作品：———。——编注

先要注意的是，我们处于犹太人当中。在此，人们伪装成“圣徒”，这种近乎天才的自我伪装在其他的书籍和人类中均无可企及，他们伪造词语和姿态，这种伪造艺术不是任何一种个别天赋、特殊本性的偶然为之。它是一个种族的事业。全部犹太教、犹太人几百年来最严肃的预备练习和技术，在作为神圣谎言艺术的基督教中登峰造极。基督徒，这种最后的谎言手段（ultima ratio der Lüge），是两倍甚至三倍的犹太人……——只愿意运用那些在教士实践中被证明了的概念、象征和姿态，拒绝任何另外一种实践、任何另外一种价值和效用视角，这种根本的意愿和源于本能的拒绝——不只是传统，而是遗传：只有作为遗传，它才会像自然一样起作用。所有人，甚至最优秀时代中最优秀的头脑——（一人除外，他或许不是人）都被欺骗了。人们把福音书作为无辜之书来读……：一个不小的提示，告诉我们，这里的表演是多么地出神入化。——然而：如果我们看到，即便只是瞥见，所有这些奇特的伪君子和伪造的圣徒（Kunst-Heiligen），那就完蛋了，——正是因为如此，因为我在每一句话后面都看到了一种姿态，我就和他们玩完了……我无法忍受他们睁开双眼的某种方式。——幸好，对于绝大多数人来说，书籍只是文艺读物（Litteratur）。——千万别被蒙骗了：他们说“不要论断[①]人！”[②]，可凡是挡他们道路的人都被他们送往地狱了。在让上帝审判的时候，事实上是他们自己在审判；颂扬上帝的时候，他们事实上是在颂扬自己；在提倡他们自己恰好

① “论断”是圣经和合本的译法，richten，也可译为“审判”。——译注

② 《马太福音》，第7章第1行。——编注

具有的(甚至于,他们为了居于上位必须要有的)德性的时候,他们 220
制造了巨大的假象,仿佛他们在为德性而奋斗,为德性的统治而战斗。"我们为善(——'真理'、'光'、'上帝之国')而生、而死、而牺牲自我":事实上,他们所做的是他们不得不做的事。他们像胆小的老鼠一样挤压自己,在角落里坐着,在阴影里阴暗地混日子,并从中弄出一套义务:作为一种义务[①],他们的生活显得谦卑,而谦卑是虔诚的又一个证据……啊,这种谦卑、贞洁、慈悲的欺骗!"德性本身该为我们作见证"……要把福音书读作道德诱惑之书:这些小人占有了道德——他们知道何谓道德!人类最容易被道德愚弄!——事实上,最清醒的[②]被选中的自负在此故作谦虚:他们把自己、"教团"、"善人义士"永远地放在了一边,放在了"真理"一边——把其余的人,把"世界"放在了另一边……这是世上有过的最为灾难性的自大狂:伪君子和说谎者卑贱的怪胎开始要求使用"上帝"、"真理"、"光"、"精神"、"爱"、"智慧"、"生命"这些概念,仿佛是他们的同义词,从而将"世界"与自身隔离;这些卑微的高级犹太人(Superlativ-Juden),足够送进任何一所疯人院,他们完全将价值朝向自身倒转,仿佛只有基督徒是意义、是盐、是尺度、是对于其他一切的最后审判……这全部的灾难之所以可能,全在于已经有一种相近的、种族类似的自大狂在世界上存在,即犹太人的自大狂:一旦犹太人和犹太基督徒之间的裂隙被撕开,后者除了将犹太本能所推荐的同一种自我保存程序反过来施诸犹太人之外别无选

---

① 作为一种义务]大八开本版:在义务中(根据彼得·加斯特在付印稿中的修改)。——编注

② 最清醒的]付印稿:最荒唐的。——编注

221 择，犹太人迄今为止却只将这道程序拿来对付所有非犹太之物。基督徒只是一个拥有“更自由的”信仰（Bekenntnis）的犹太人。——

45[①]

——以下，我将举出几例[②]，来看看这些小人们头脑中所充斥，并让他们的夫子挂在嘴边的是什么：绝对是“美好灵魂”的信仰自白。——

“何处的人不接待你们，不听你们，你们离开那里的时候，就把脚上的尘土跺下去，对他们作见证。我实在告诉你们，当审判的日子，所多玛和蛾摩拉所受的，比那城还容易受呢！”（《马可福音》，第6章第11行）——多么好的消息啊！……

“凡使这信我的一个小子跌倒的，倒不如把大磨石拴在这人的颈项上，扔在海里。”（《马可福音》，第9章第42行）——多么好的消息啊！……

“倘若你一只眼叫你跌倒，就去掉他；你只有一只眼进入神的国，强如有两只眼被丢在地狱里。在那里，虫是不死的，火是不灭的。”（《马可福音》，第9章第47行）——所指的未必是眼睛……

“我实在告诉你们，站在这里的，有人在没尝死味以前，必要看见神的国大有能力临到。”（马可福音，第9章第1行）——漂亮的

---

① 参看科利版第12卷，10[179,200]。——编注

② 凡圣经引文，均参照和合本。——译注

谎言,你这狮子[1]……

“若有人要跟从我,就当舍己,背起他的十字架,来跟从我。因为……”(一位心理学家的注释。基督教道德被它的“因为”驳倒了:被它的“理由”驳倒了,——这就是基督性)《马可福音》,第8章第34行。——

“你们不要论断别人,免得你们被论断。你们用什么量器量给 222
人,也必用什么量器量给你们。”(《马太福音》,第7章第1行)——这是怎样一种正义概念啊!怎样一个“正义的”法官!……

“你们若单爱那爱你们的人,有什么赏赐呢?就是税吏不也是这样行吗?你们若单请弟兄的安,比人有什么长处呢?就是税吏不也是这样行吗?”(《马太福音》,第5章第46行)——“基督教的爱”的原则:它要在最后得到好的报偿……

“因为,就像你们不饶恕人的过犯[2],你们在天上的父也必不饶恕你们。[3]”(《马太福音》,第6章第15行)——对于所谓的“天父”而言是件很丢脸的事情……

“你们要先求神的国和他的义,这些东西都要加给你们了。”(〈《马太福音》,第6章第33行〉)“这些东西”:指的是吃、穿等所有生活必需品。谦虚地说,这是一个错误……上帝看起来立刻[4]成

---

[1] 漂亮的谎言,狮子]根据莎士比亚:《仲夏夜之梦》。——编注

[2] 因为,就像你们不饶恕人的过犯]大八开本版:你们不饶恕人的过犯(根据《马太福音》第6章第15行修正)。——编注

[3] 你们在天上的父也必不饶恕你们]大八开本版:你们的天父也必不饶恕你们的过犯(根据《马太福音》第6章第15行修正)——编注

[4] 立刻]大八开本版:在片刻之前(因为尼采所指的出处是《马太福音》第6章第29行,位于第6章第33行之前。)——编注

了裁缝,至少在某些情况下……

“当那日,你们要欢喜跳跃,因为你们在天上的赏赐是大的;他们的祖宗待先知也是这样。”(〈《路加福音》,第6章第23行〉)无耻的流氓!已经在和先知相比较了……

“岂不知你们是神的殿,神的灵住在你们里头吗?若有人毁坏神的殿,神必要毁坏那人;因为神的殿是圣的,这殿就是你们。”(保罗书信,《哥林多前书》,第3章第16行)——这样的话,无论怎么鄙视都不为过……

“岂不知圣徒要审判世界吗?若世界为你们所审,难道你们不配审判这最小的事吗?”(保罗书信,《哥林多前书》,第6章第2行)可惜不是一个精神病患者说的话……这个可怕的谎言家接着还说:“岂不知我们要审判天使吗?何况今生的事呢!”……

223 “神岂不是叫这世上的智慧变成愚拙吗?世人凭自己的智慧,既不认识神,神就乐意用人所当作愚拙的道理拯救那些信的人;这就是神的智慧了。可见你们蒙召的,按着肉体有智慧的不多,有能力的不多,有尊贵的也不多。神却拣选了世上愚拙的,叫有智慧的羞愧;又拣选了世上软弱的,叫那强壮的羞愧。神也拣选了世上卑贱的,被人厌恶的,以及那无有的,为要废掉那有的;使一切有血气的,在神面前一个也不能自夸。”(保罗书信,《哥林多前书》,第1章第20行以下)——这段话是一切旃陀罗道德心理学的最佳见证,要理解这段话,请诸君阅读我的《道德的谱系》第一篇:在其中,一种高贵的道德和一种源于怨恨和无能于报复的旃陀罗道德之间的对立,第一次被提出来了。保罗是所有报复使徒(Apostel der Rache)中最大的一个……

46[①]

——**结论是什么呢**？读《新约》的时候戴上手套是对的。甚至
几乎是必要的，因为要靠近这么多不纯净的东西。我们不会选择
与“最初的基督徒”交往，正如不会选择波兰的犹太人一样：不是因
为必须提出哪怕一条异议来反驳他们……而是因为这两种人身上
都有异味。——我徒劳地在《新约》中搜寻哪怕一个令人喜爱的特
征；一切自由良善、坦率正直都付诸阙如。这里尚且没有人性最初
的萌芽，——尚缺乏**洁净**的本能……在《新约》中只有**恶劣**的本能，
即便对于这个恶劣的本能也没有勇气。里面尽是懦弱、尽是闭上
眼睛和自我欺骗。刚读了《新约》之后，随便哪本书都是纯净的，比 224
如，我刚读完保罗，就带着狂喜的心情阅读那个风姿绰约、恣意汪
洋的嘲讽者佩特洛尼乌斯[②]，我们或许可以用薄伽丘（Domenico
Boccaccio）在致信帕尔马大公（Herzog von Parma）时关于切萨雷·
博尔贾（Casare Borgia）[③]所说的话来形容佩特洛尼乌斯：“他是一
个耀眼的节日”（é tutto festo）——极健康、极快活、极好……因
此，这些小蚊虫在主要事情上弄错了。他们抨击事物，可所有被他

① 参看科利版第 11 卷，25[338]；第 12 卷，9[88]，10[69]，10[183]；《查拉图斯特拉如是说》第四部，科利版第 4 卷，第 330 页，第 25 行。——编注

② 佩特洛尼乌斯（Petronius）：古罗马文人，放浪形骸且精于享乐之道。他是尼禄的顾问，后被尼禄赐死。据说他切断脉管，装作“轻松”的样子结束了自己的生命。在《善恶的彼岸》第 28 节，尼采曾盛赞佩特洛尼乌斯的文风。尼采将佩氏称为胜于迄今任何一位伟大音乐家的急板大师。——译注

③ 意大利野心勃勃的政治家、军人，教皇亚历山大六世的私生子，一生惯用谋杀、欺诈等手段达到政治目的，马基雅维利在《君主论》中对其赞赏有加。——译注

们抨击的东西都因此而被表彰。一个“最初的基督徒”所抨击的人
并没有因此而被玷污……相反：被“最初的基督徒”所反对倒是一
种荣誉。在读《新约》的时候，我对其中遭践踏的东西不无一种偏
爱，——更不用说“此岸的智慧”了，一个狂妄的吹牛客试图“通过
愚蠢的布道”让这种智慧丧失声誉，却只是徒劳……然而，即便法
利赛人和文士也在这样一种敌对关系中享有优势：他们必定具有
某种价值，才能以一种如此猥琐的方式被仇恨。虚伪——这或许
是“最初的基督徒”能够提出的一项谴责！——最后，他们是特权
阶层：这已经够了，旃陀罗的仇恨不需要更多的理由。“最初的基
督徒”——恐怕还有我或许还会经历到的“最后的基督徒”——是
出于至深本能而反对所有特权阶层的造反者，——他总是为了“平
等的权利”而生活、而战斗……仔细看来，他并无别的选择。一个
人要成为“上帝的选民”——或者“上帝的殿”、“天使的法官”——
那么，所有其他的选取原则，诸如诚实、精神、男性气概和骄傲、美
丽和心灵的自由等，都只是“世俗的”，——本身是恶的……寓意：
“最初的基督徒”口中的每一句话都是一个谎言，他的每一个行为
都是对本能的一种扭曲，——他所有的价值、所有的目标都是有害
的，然而，他所仇视的人和事却具有价值……基督徒，尤其是基督
225 教教士，是一种价值标准——我还有必要说，在全部《新约》中只有
唯一的一个人物形象是必得尊敬的吗？罗马总督比拉多。严肃地
对待犹太人之间的一桩争执——他无法说服自己去干这事。多一
个还是少一个犹太人——这有什么要紧的呢？……一个罗马人看
到“真理”这个词被无耻地滥用，发出了高贵的嘲讽，这为《新约》添
加了唯一一句有价值的话，——这是对它的批评，甚至毁灭：“什么

是真理！”[①]……

47[②]

——把**我们**从人群中分离出来的，并不是我们无论在历史、自然、还是自然的背后都不再找到上帝，——而是我们并不将那被作为上帝来尊崇的东西感受为“神圣”，在我们看来，它们倒是可悲、荒谬和有害的，它们不只是错误，而是**对生命犯罪**……我们否认上帝之为上帝……如果有人要向我们**证明**这个基督徒的上帝，我们会更不相信他。——公式：deus，qualem Paulus creavit，die negatio[保罗所创造的上帝是对上帝的否定]。——像基督教这样的一种没有在任何一点触及现实的宗教，一旦现实哪怕在一点上得到公正对待，就会立刻崩解，所以它必定恰如其分地成为了“俗世智慧”，甚至可以说是成为**科学**的死敌，——精神教养、精神良心上的正直和严格、精神中高贵的冷静和自由，凡是能够用来毒害和污蔑这些东西，能够使它们**声名狼藉**的手段，它都加以称赞。作为绝对命令的“信仰”是对科学的**否决**，——in praxi[实际上]是不计代价的谎言……保罗**明白**，“谎言”——“信仰”是必要的；后来，教会又明白了保罗。——保罗为自己所捏造的那个上帝，那个让“俗世智慧”（更确切地说，是一切迷信的两个大敌：语文学和医学） 226
“丢尽颜面”的上帝，事实上只是保罗自己坚定的**决心**：将他自己的

---

① “什么是真理！”]《约翰福音》，第 18 章第 38 行。——编注

② 参看科利版第 13 卷，11[122]。——编注

意志称为“上帝”，thora［律法］，这是原始的犹太性(urjüdisch)[1]。[2] 保罗要让“俗世智慧”丧尽颜面：他的敌人是受过亚历山大里亚式训练的优秀的语文学家和医生——，他向他们宣战。事实上，没有人可以是语文学家和医生，如果不同时是敌基督者的话。因为，身为语文学家可以看到“圣书”的底里，身为医生可以看到一个典型的基督徒的生理学堕落的底里。医生说“无药可救”，语文学家说“欺骗”……

48[3]

——人们真的理解了《圣经》开头处那个著名的故事吗？——它说的是上帝对科学的极度恐惧……人们没有理解。这本最杰出的教士之书恰如其分地以教士巨大的内在困难开始：他只有一个巨大的危险，于是“上帝”也只有一个巨大的危险。——

年老的上帝，这全然的“精神”、全然的大教士、全然的完满，在

---

① 成为了“俗世智慧”、甚至可以说……］笔记本 WⅡ 8，第 132 页：向每一条通往知识的笔直的道路、向每一种精神培养、向精神事物上的每一种诚实和纯净宣布关乎生死的毁灭之战。保罗明白了这是必要的：教会又明白了保罗……保罗为自己所捏造的那个上帝，那个让“俗世智慧”（我们的科学，如果允许我这么说的话）丢尽颜面的上帝，事实上只是为此而［许的一个“虔诚的愿望”］下的一个坚定的决心：我们，保罗，想要让科学丢尽颜面——“上帝”是一个表示一切保罗所要之物的词语……——编注

② 保罗为自己所捏造的那个……］笔记本 W Ⅱ 3，第 145 页：一个让“俗世智慧丢尽颜面”的上帝是一个对知识怀有极大恐惧的上帝，并且在心理学上经过了精心的编造。参看《哥林多前书》，第 1 章第 27 行［译按：“神却拣选了世上愚拙的，叫有智慧的羞愧；又拣选了世上软弱的，叫那强壮的羞愧。”］——编注

③ 参看科利版第 12 卷，9［27］；J. 威尔豪森：《以色列史导论》，第 310—336 页（尼采藏本中带有许多的旁注、勾画和圈点等等）。——编注

他的园中悠闲地漫步[①]:只是觉得无聊。即便诸神也在徒劳地与无聊交战。他做了什么?他创造了人,——人可供消遣……可是看呐,人也觉得无聊了。无聊是天堂唯一的问题,并且是所有天堂都会有的,上帝对此的怜悯漫无边际:他于是立即创造了其他动物。上帝的**第一个**败笔:人发现动物很无趣,——他统治动物,他甚至不想做“动物”。——于是上帝创造了女人。这确实给无聊画上了句话——但也给别的东西画上了句号!女人是上帝的**第二个**败笔。——“女人在本质上是蛇,Heva[夏娃]”[②]——每个教士都明白这一点;“女人把**所有的**灾难带到世界”——每个教士也都知道这一点。“女人**进而**也带来了**科学**[③]”……通过女人,人才学会 227
了享用知识之树上面的果实。——然后怎样了呢?年老的上帝感到了一种极度的恐惧。人本身成了他**最大的**败笔,他为自己创造了一个对手,科学使人**如神一般**(gottgleich),——如果人掌握了科学,那么教士和诸神就都完蛋了!——**寓意**:科学是被禁止之物本身(das Verbotene an sich)——只有它是被禁止的。科学是**第一宗**罪,是所有罪的根源,是**原**罪。**只有这是道德**。——“你**不**该认识”:——余者从之。极度的恐惧并没有妨害上帝的才智。如何

① 悠闲地漫步]威尔豪森:《以色列史导论》,第321页:“雅威没有从天而降,而是在傍晚的时候,在园中悠闲地漫步,仿佛在他自己的家中。”尼采在“悠闲地漫步”(lustwandelt)一词下面划了线。——编注

② “女人在本质上……”]威尔豪森:《以色列史导论》,第324页脚注。——编注

③ 德语的Wissenschaft比英语的science和现代汉语的“科学”含义更加广泛,它不仅包括实证的自然科学和形式的逻辑学、数学,而是几乎涵盖了文化、历史、艺术、宗教、哲学等一切知识领域。它的词根就是“知识”(Wissen)。不过,尼采在这里对于这个词的使用,所指的主要不是各门科学领域,而是一种怀疑和求知的生活方式或生活态度。——译注

防范科学呢？这是长久以来他的主要问题。答案：将人类逐出伊甸园！幸福和悠闲让人去思想，——所有的思想都是坏思想……人不**该**思想。——“教士自身”[1]发明了困苦、死亡、有生命危险的怀孕、所有形式的不幸，老年、艰辛，而且首先是**疾病**，——全是与科学作战的手段！困苦不**让**人类去思想……可是尽管如此！多么惊人啊！知识的成果越堆越高，冲上云霄，直逼诸神，——该怎么办！老上帝发明了**战争**，他将人类分成各个民族，让他们互相毁灭（教士总是必须要有战争……）战争——是科学的重要扰乱者之一！——不可思议啊！知识（**从教士解放出来**）即便在战争中也在增长。——老上帝最后下定决心：“人已经掌握了科学，——**别无他法，必须将他淹死！**”……

228

49

——你们理解我了。圣经的开头包含了**全部**教士心理学。——教士只知道一个巨大的危险：这就是科学——关于原因和结果的健康概念。但是，总体上来说，科学只在好的条件下才能兴盛，——人们得有**多余的**时间和精神，才能去“认识”……“**所以**，得把人搞得不幸”，——任何时候这都是教士的逻辑。——你们已经猜到，根据这个逻辑，**什么**首先由此而来到世界：“**罪**”……罪责与惩罚的概念，以及整个“道德的世界秩序”是被发明出来用于**反**

[1] 此处“教士自身”(Priester an sich)仿康德“物自身”(Dinge an sich)的说法，这里指的就是上帝。——译注

对科学的，——反对人从教士脱离出来……人不该向外看，他应该看自己的内心；他不该作为学习者聪明、谨慎地洞察事物，他根本就不该看：他该痛苦……他应该如此地痛苦，以至于总是需要教士。——不要医生！人们所迫切需要的是一个救主。罪责与惩罚的概念，包括“恩典”、“拯救”和“赦罪”学说——完全是谎言，没有一点儿心理学实在——被发明出来，用来摧毁人对于原因的感受（Ursachen-Sinn）：它们是对于因果概念的谋杀！——不是用拳头、刀剑和真诚的爱恨来谋杀！而是出于最怯懦、最阴险、最低微的本能！一种教士的谋杀！一种寄生虫的谋杀！苍白的地下吸血鬼在吸人膏血！……如果一个行为的自然次序不再被“自然地”思考，而是在思考的时候受迷信的概念幽灵，受“上帝”、“精神”和“灵魂”所影响，被视为单纯的“道德”结果，视为奖赏、惩罚、暗示、试炼的话，那么知识的条件就被摧毁了，——这样就对人类犯下了最大的罪行[①]。[②] ——再说一遍，罪，这个人类最卓越的自我亵渎形式，229
被发明出来，是用来使科学、文化、人类的任何一种提升和高贵变得不可能的：教士通过发明罪来实行统治。——

① 对人类犯下了最大的罪行］付印稿：给世界带来了最大的罪行，即发明了“罪”。——编注

② 被发明出来，用来摧毁……］笔记本 W Ⅱ 8，第 130 页：永远地败坏了人对于原因的感受。如果一个行为的自然结果不再是“自然的”，而是成了隐藏着一种彼岸统治权力的奖赏或惩罚，那么求知的前提就被摧毁了。“奖赏和惩罚”的概念废除了科学；参看科利版第 13 卷，16［84］——编注

50

——我不能在这里略而不谈一种“信仰”或“信徒”心理学[①]，并且这恰恰是为“信徒们”着想。如果今天还有人不知道，“有信仰”在何种程度上是不正派的——或者是颓废、是受挫折的生命意志的一个标志[②]——，明天他们就知道了。即便听觉迟钝的人也能听见我的声音[③]。——如果我没听错的话，在基督徒当中看似存在着一种形式的真理标准，人们称之为“力量的证明”。“信仰使人得永福：它因此是真的。”——对此首先可以反驳的是，使人得永福恰恰没有被证明，而只是被承诺了：永福维系于“信仰”的条件[④]，——一个人该得永福，因为他信仰……但是，教士就那个无可检验的“彼岸”向信徒许诺的东西究竟能否实现，这又如何证明呢？因此，所谓“力量的证明”在根本上又只是一种信仰，即相信人们就信仰而许诺的结果不会不发生。用公式来表达：“我相信，信仰使人得永福；——所以它是真的。”——然而，我们由此走到了尽头。这个作为真理标准的“所以”或许本身是荒谬的。——我们且做一些让步，假定信仰使人得永福被证明了——不只是被希望，不只是在一个教士可鄙的嘴中被许诺的东西：可是，永福，——用技

① 一种“信仰”或“信徒”心理学]笔记本 W Ⅱ 8，第 125 页：一种对“信仰”或“信徒”的批判。——编注

② 是颓废、是受挫的生命意志的一个标志]笔记本 W Ⅱ 8，第 126 页：是病态、是受挫的生命意志的一个迹象。——编注

③ 听见我的声音]付印稿：被我的声音所救治。——编注

④ 永福……]笔记本 W Ⅱ 8，第 126 页：作为信仰的结果。——编注

术性语言来说，快感何曾是真理的证明？这是如此地不可能，以至于如果快感在“什么是真”的问题上发言，那么就几乎是一种反驳， 230
无论如何它会带来对“真理”极大的怀疑。“快感”是对“快感”的证明，——此外无他；世上的一切事物中，什么能够断定，真的判断恰恰比假的带来更多的快乐，并且根据一种预定的和谐，必定带有快乐的感受？——一切严格、深刻的精神的经验所教导的恰恰相反。在真理的道路上，人们必须经过争夺才能前行一步，人们几乎必须放弃与此相违背的一切，而我们的心灵、爱和对生活的信任却都维系于这些东西。为此需要伟大的灵魂：服务于真理是最艰难的服务[①]。——在精神事物上的诚实究竟何谓？人们需要严厉地对待自己的心灵，要藐视“美好的情感”，要从每一个肯定和否定中获得一种良心！— — —[②]信仰使人得永福：所以，他在说谎……

51

信仰在某些情况下使人得永福，永福尚未能把一个坚定的理念变成一个真实的理念，信仰没有移山，而可能是在没有山的地方设置了一座山[③]：匆匆走过一家疯人院就足以说明这一点。不过，

① 为此需要伟大的……］付印稿：只是为了能够忍受真理的景象，就需要伟大的灵魂。——编注

② 一切严格、深刻精神的经验……］笔记本 W Ⅱ 8，第 125－126 页：每一种严格、深刻精神的经验是相反的：在真理的道路上，他必须经过争夺才能前行一步，他必须放弃与之相反的一切，诸如平静、确信、和平、信赖等，——他的良知在于，不被“美好的情感”说服……快感是谄媚的，快感具有欺骗性——。——编注

③ 《哥林多前书》，第 13 章第 2 行。——译注

对象不能是一个教士：因为他出于本能否认疾病之为疾病、疯人院之为疯人院。基督教必需疾病，大约和希腊人必需一种过度的健康类似，——使人害病是教会全部拯救程序系统的真实意图①。并且教会本身——它的最后理想难道不是天主教疯人院吗？——把整个地球搞成疯人院？——教会所要的宗教人（der religiöse Mensch）是一个典型的颓废者；每当一场宗教危机统治了一个民族的时候，神经传染病都是它的特征；宗教人的“内心世界”与过度
231 兴奋者、精疲力竭者的内心世界极为相似；基督教在人类之上所悬置的最有价值的“最高”状态是一种羊痫风②——教会只把疯子或大骗子以 majorem dei honorem［上帝更高的荣誉］宣称为圣……我一度允许自己把全部基督教的忏悔和拯救训练（今天在英格兰可以受到最好的训练）标识为一种在一个已经备好的，也就是说在根本已经腐烂的地基之上、按部就班制造出来的 folie circulaire［极度压抑］。③ 没有人可以随意地成为基督徒：无法让人“皈依”基督教，——必须要足够地病态才行……我们另一种人，有勇气健康、也有勇气去藐视④的人，我们能够如何地藐视这样一个宗教啊，它教导人们去误解身体！它不愿脱离灵魂迷信！它从营养不良中弄出一项“功绩”！它把健康作为一种敌人、魔鬼和诱惑来斗

① 真实意图］笔记本 W Ⅱ 8，第 121 页：可靠道路。——编注

② 一种羊痫风］笔记本 W Ⅱ 8，第 12 页：每一个神经科大夫所熟知的。——编注

③ 我一度允许自己……］参看《道德的谱系》第 3 篇论文；极度压抑（folie circulaire）一词源于：费雷（Ch. Féré）：《退化与犯罪》（*Dégénérescence et criminalité*），巴黎，1888 年（尼采藏书）；另外请参看尼采对费雷这本书的摘抄，科利版第 13 卷，14［172］和 14［180］。——编注

④ 也有勇气去藐视］付印稿：也有勇气追求幸福。——编注

争！它让自己相信，一个“完美的灵魂”可以嫁接在一个死尸一般的身体上，为此需要一个新的“完美”概念，一个苍白、病态、愚蠢而狂热的人，这就是所谓的“神圣”，——神圣本身只是一个贫乏的、麻木的、败坏到无可救药的身体的一系列标志！……作为一种欧洲运动的基督教运动从一开始就是所有废物、垃圾因素的总运动：——这些因素想要和基督教一道夺取权力。它表现的不是一个族类的没落，而是所有颓废形式从四面八方而来，相互寻找、相互聚集，并构成了一个集合。并不是像人们所以为的那样，古代、高贵的古代本身的腐败为基督教提供了可能：对于那些今天还持有这种观点的白痴学者们，无论怎样尖刻的反驳都不为过。当病 232

态的、败坏的旃陀罗阶层在整个帝国都接受基督教的时候，相反的类型，即高贵也恰恰达到了它最美、最成熟的形态。大多数人成了主人；基督教本能中的民主主义得胜了……基督教不是“国家的”、 79

不以种族为界，——它面向所有被剥夺了生命继承权的人，它处处都有同盟。基督教的根底中有病人的积怨、有反对健康人、反对健康的本能。所有的良好教养、骄傲、放纵，尤其是美，传到它的耳朵和眼睛，就会让它感到痛苦。我又一次想起保罗那句异常珍贵的话。“上帝所选中的是世上柔弱、愚蠢、不高贵、被鄙视的人”[①]：正是这个公式，颓废 in hoc signo[在这个标志中]取得了胜利。——十字架上的上帝——你们还没有理解这个象征中的可怕的隐秘念头吗？——一切痛苦的、一切挂在十字架上的都是神圣的……我们所有人都上十字架，于是我们都是神圣的……只有我们是神圣

① “上帝所选中的……”]《哥林多前书》，第1章第27行。——编注

的……基督教是一场胜利，一种更高贵的价值观随之灭亡，——基督教是人类迄今为止最大的不幸。——

52

基督教也与一切精神上的良好教养相反，——它只能将病态的理性用作基督教的理性，它站在所有愚蠢的东西[①]一边，它诅咒"精神"，诅咒健康精神的 superbia[骄傲]。因为疾病属于基督教的本质，所以"信仰"这种典型的基督教状态必定也是一种疾病形式，所有通往知识的笔直、正直和科学的道路必定被教会作为被禁
233 止的道路而拒绝。怀疑已是一种罪……教士身上完全缺乏心理学的纯洁——可以通过眼神看出——这是颓废的伴随现象，——可以观察患神经质的女人和患佝偻病的小孩，看看本能中的虚伪、为说谎而说谎的快乐、无能于正直的观看和行走是如何规律地表达了颓废。"信仰"即不愿知道实情。无论何种性别，虔信者和教士都是虚伪的，因为他是病态的：他的本能要求真理在任何一点上都不能得到公正地对待。"让人患病的是善的；源于丰盈、满溢和权力的则是恶的"：信徒是这么想的。不由自主地说谎——我由此来识别每个天生的神学家。——神学家的另一个标志是无能于语文学。在此，语文学当在非常一般地意义上来理解，理解为好的阅读技艺——能够读出事实，不会通过解释来歪曲它，不会在寻求理解的过程中失去谨慎、耐心和精细。语文学是在解释中 Ephexis[悬

① 所有愚蠢的东西]付印稿：所有愚蠢的人。——编注

搁判断]:无论是解释书籍、新闻、命运还是天气,——更不用说“灵魂的拯救”了……无论是在柏林还是在罗马,一个神学家解释一节“经文”或一种体验(如在大卫诗篇的荣光下来解释祖国军队的胜利)的方式总是那么地**肆无忌惮**,以至于一个语文学家都会被逼疯了。并且,如果虔信者和来自施瓦本地区的其他母牛[①]借助“上帝的手指”来将他们可怜的日常生活和狭小居室的烟雾变成了“恩典”、“天意”和“经历拯救”的奇迹,那么语文学家该从何着手呢!花费极少的一点精神(更不用说**礼貌**了),定会让这些解释者发现,对神圣的灵巧手指的这样一种误用,是完全幼稚的和不体面的。234
一个适时治愈感冒,或者一个暴雨倾盆之时让我们坐上马车的上帝,只要我们身上哪怕还有一点敬虔之心,都该觉得这是一个如此荒谬的上帝,以至于即便他存在的话,我们也该将它废除。一个充当仆人、信使和历法官的上帝,——根本上是一个用以称呼所有偶然中最愚蠢的形式[②]的词语……今天,在“有教养的德国”,大约尚有三分之一的人还相信“神圣的天意”,这仿佛是对于上帝的一项异议,好似无法设想他可以更加强大。无论如何,这是对德国人的一项异议!……[③]

① 虔信者和来自……]如荣格-施蒂林(Jung-Stilling),尼采读过他的自传(并且有过称赞:《漫游者及其影子》,第109节)。——编注

② 所有偶然中最愚蠢的形式]笔记本 W Ⅱ 8,第119页:每一种幸运的偶然。——编注

③ 神学家的另一个标志是**无能于语文学**……]参看科利版第13卷,22[7,8]。——编注

53

——**殉道者**极少能够证明一件事情的真理性，这让我想要否认任何一个殉道者根本上与真理有何关联。一个殉道者将他的持以为真投向世界的时候发出的声音，已经表达了如此低等的知性真诚和对真理问题的一种**麻木不仁**，以至于根本就不需要反驳他。真理不是某种一个人有、另一个人没有的东西：充其量只有农民或者像路德那样的农民使徒才能有这样的真理观。我们可以确信，在精神事物上，谦虚和节制总是随着良心的程度而增长。在五件事情上**有知识**，并轻轻地摇手拒绝知道**其他所有的事情**……每个先知、宗派主义者、开明思想者(Freigeist)、社会主义者、教会人士对“真理”这个词的理解，充分地证明了：那种要发现任何一个细

235 小、无论多么细小的真理都必需的精神训练和自我克服训练尚未开始。——殉道(顺便说说)是历史上巨大的不幸：它把人**诱入歧途**……所有白痴(包括女人和民众)的结论是：一件事必定包含了某种东西，某人才会为它而丧命(甚至像早期基督教一样导致了寻死传染病)，——这一结论极大地阻碍了审查，阻碍了检查和谨慎的精神。殉道者**损害了**真理……即便在今天，还只需要一种残酷的迫害，就能使一个本身无论怎么无关紧要的教派赢得**可敬的**名声。① ——怎么？某人为一件事情献出了生命就能改变这件事的

① 即便在今天……]笔记本 W Ⅱ 8，第 117 页：即便在本世纪，我们还可以在卡莱尔的事例中看到，虐待和处决中包含的那种粗鄙的残酷是怎样唤起了对事情的同情，这种同情又是怎样有利于一种成见———。——编注

价值？——一个变得可敬的错误是一个拥有更大吸引力的错误：神学家先生们，你们难道以为我们会给你们机会，去为自己的谎言而殉道吗？——我们小心翼翼地把一件事搁置起来，由此来反驳它——我们也用这个方法来反驳神学家……所有迫害者的世界历史性愚蠢恰恰在于，他们给予了所反对的事物以可敬的外表，——他们赋予了它殉道的魅力……女人今天还跪倒在一个错误面前，因为有人告诉她，某人为此而死在了十字架上。**十字架真的是论据吗？**——然而，关于所有这些事情，只有一个人说了数千年以来人们本该急需的话，——**查拉图斯特拉**。

> 他们把血的标记写在他们走过的路上，而且他们的愚蠢教人要以鲜血来证明真理。
>
> 然则鲜血却是真理最坏的证人；鲜血还将最纯粹的学说毒化成了心灵的妄念和仇恨。
>
> 而当有人为自己的学说赴汤蹈火时，——这证明了什么啊！从自己的火焰中得出自己的学说，这才更加真实。[①]

54[②] 236

千万别搞错了：伟大的精神是怀疑者。查拉图斯特拉是个怀疑者。源于精神力量和精神力量之过度的强大和**自由**，通过怀疑来**证明**自身。在谈论所有关乎价值和无价值的根本问题时，根本

① 《查拉图斯特拉如是说》第二部，“教士们”。——编注

② 参看科利版第13卷，11[48]——编注

无须虑及有信念的人。信念是监牢。信念看得不够远,它没有**往下**看:然而要有资格对价值和无价值发言,就得看到五百种确信在自己的**脚下**——在自己的**背后**……一个精神,如果要欲求伟大、欲求达至伟大的手段,必定得是怀疑者。不受任何一种信念所束缚,**能够**自由地观看,这是**一种**强大……巨大的热情及其存在的根据和权力,比他自己还要更加开明、更加专制地要求他全部的智识来服务;它使人勇往直前;它甚至给他勇气去使用不神圣的手段;它在某种情况下**赐予**他信念。信念之为**手段**:很多事情人们只有借助一种信念才能做成。巨大的热情使用、耗用信念,它不臣服于信念之下,——它知道自己是主人。——相反:对于信仰、对于任何一种绝对的肯定和否定、对于卡莱尔主义(如果人们原谅我使用这个词的话)的需求[①],是一种**弱者**的需求。有信仰的人,任何形式的“信徒”,都必定是一个依赖性的人,——他不把**自己**作为目标,他根本无法从自身出发来设定目标。“信徒”不属于**自己**,他只能作为手段,他必须被**耗用**,他必定需要某个人来耗用他。他的本能给予一种舍己(Entselbstung)的道德以最高的荣誉:他的聪明、经验和虚荣,他的一切都说服他接受这种道德。每一种信仰本身就是舍己和自我异化(Selbst-Entfremdung)的表现……想一下,规则对于大多数人而言是多么地必要,规则像束缚一样从外面将他们捆绑、固定在一起,**奴隶制**在一种更高的意义上是意志软弱的人
237 (特别是妇女)繁荣兴旺的唯一和最后的条件:信念、“信仰”也当作此理解。对于有信念的人来说,信念是他的命根子。看**不**见许多

① 对于信仰,对于……]参看《偶像的黄昏》,“漫游”,第 12 节。——编注

事物，在任何一点上都怀有偏见，对什么都持有立场，在一切价值上都有严格的和必要的视角——只有这些使得这样一种人在根本上能够存在。但这种人由此而成为了真实之物——真理的敌人……信徒不能在真假问题上有一点良心：在这些地方，诚实会让他立即衰亡。其视角在病理学上的局限性把确信者变成了狂热之徒——萨沃纳罗拉[①]、路德、卢梭、罗伯斯庇尔和圣西门——与强大的、变得自由的精神相反的类型。[②] 但是这些病态的精神、这些概念癫痫症患者的伟大态度影响了大众，——狂热之徒悦人耳目，人类喜欢看表演甚过听理由……[③]

55[④]

——再进一步谈谈信念（Überzeugung）和“信仰”（Glauben）的心理学。我很久以来就在想，对于真理而言，信念是否是比谎言更加危险的敌人（《人性的，太人性的》，第 331 页）。这次我想提出一个决定性的问题：谎言和信念之间根本上有对立关系吗？——全世界都相信它们之间是对立的；但有什么是全世界不相信的呢！——每一种信念都有其历史、前身、试探和错误：在长期不是

① 萨沃纳罗拉（Savonarola）：多明我会修士，佛罗伦萨宗教改革家。他以反对文艺复兴艺术和哲学、焚烧艺术品和非宗教类书籍、毁灭被他认为不道德的奢侈品，以及严厉的布道著称。他的布道往往直接针对当时的教皇亚历山大六世以及美第奇家族。——译注

② 在笔记本 W Ⅱ 8，第 101 页中此后被删掉：谎言与确信是近亲。——编注

③ 但是这些病态的精神、这些……］笔记本 W Ⅱ 8，第 101 页：但是，迄今为止，狂热之徒的伟大态度是知识最危险的障碍。——编注

④ 参看科利版第 13 卷，14［159］——编注

信念之后，在长期**几乎不**是信念之后，它**成了**信念。怎么？难道谎言不也在信念的这些胚胎形式之中吗？——这里需要的只是一种
238 位格转换（Person-Wechsel）：在父亲那儿尚且只是谎言的东西，在儿子这里成了信念。——**不**愿看见所看到的东西，不愿像所看到的**那样**去看它，我把这称为谎言：至于是否有人见证或无人见证谎言，则不在考虑之列。最常见的谎言是自我欺骗；相对而言，被别人骗是例外情况。[1] ——这种**不**愿看见所见之物，这种不愿**如此**去看，几乎是所有任何一种意义上的**偏见**（Partei）的条件：有偏见的人（Parteimensch）必定是谎言家。比如，德国的历史书写中有这样一种信念，即罗马是专制主义的，日耳曼人则将自由的精神带入了世界：这种信念和一种谎言有什么区别呢？当所有偏见之人（包括德国历史学家）出于本能而把伟大的道德词汇挂在嘴边的时候，我们怎么还能为此感到惊讶，——道德几乎是由于每一种有偏见的人每时每刻都必需它而**继续存在着**？“这是**我们的**信念：我们在全世界面前坦白，我们为它而生而死，——尊敬一切保有信念的东西！”——我甚至从反犹主义者口中听到了这样的话。我的先生们，恰恰相反！一个反犹主义者完全不会因为他在根本上说谎而变得更加令人尊敬。[2] ……在这些事情上，教士们[3]有着更加精细

① 最常见的谎言是自我欺骗……］笔记本 W Ⅱ 8，第 104 页：被欺骗的是自己还是别人则不在考虑之列。准确地来看，每一种与自身的交往，或者说每一种意识现象也都预设了一种形式的分裂（Zweiheit），简言之，就是预设了一位**见证者**。当一个人对自己说谎的时候，就是自己向自己说了某种谎言……——编注

② 一个反犹主义者……］付印稿：根本就没有什么比信念更加可鄙的了，如果竟然有的话，那必定是您们自己！……——编注

③ 付印稿中此后被删掉：比反犹主义者。——编注

的感觉，他们很明白一种信念概念（这意味着一种根本的——因为
服务于某种目的——谎言）会遭受怎样的异议，犹太人给他们遗传
了巧智，他们学会了在这里插入“上帝”、“上帝的意志”、“上帝的启
示”等概念。康德和他的绝对命令也在相同的道路上：他的理性在
此变成实践的了。——在有些问题上人类无权断定真假；所有最
重要的问题，所有最高的价值问题都处于人类理性的彼岸……理
解理性的界限——这才是真正的哲学……上帝为什么要给人类以 239
启示呢？上帝难道会做多余的事情吗？人类自己无法知道，什么
是善、什么是恶，因此上帝把他的意志教给他……寓意：教士没有
说谎——在教士所谈论的事物上，“真”与“假”的问题根本就不允
许说谎[①]。因为要说谎，人们得能断定在此什么是真的。然而，人
恰恰无能于此；因此教士只是上帝的代言人。——这样一种教士
三段论根本不只是犹太的和基督教的：说谎的权利和“启示”的巧

智属于教士这种类型，既属于颓废教士，也属于异教教士（——异 87
教徒是所有肯定生命的人，他们的“上帝”表达的是对所有事物的
伟大肯定）[②]——“律法”、“上帝的意志”、“圣经”、“灵感”——所有
这些词语表达的都是教士在其之下获得权力、随之保持权力的条
件，——这些概念可见于所有教士机构、所有教士的或哲学教士的
支配性构成物（Herrschafts-Gebilde）。“神圣的谎言”——这是孔

① 在教士所谈论的事物上……］大八开本版：在教士所谈论的那些事物上，没有“真”或“假”的问题；这些事物根本就不允许说谎（根据彼得·加斯特在付印稿中的改动）。——编注

② 付印稿中此后被删掉：比如婆罗门。——编注

子、摩奴法典[①]、穆罕默德、基督教会的共同之处：在柏拉图那里也不缺少。“真理在此”：这意味着，只要听见这句话，**教士就在说谎**……

56

——最后取决于出于什么**目的**而说谎。在基督教中缺乏“神圣的”目的，这是**我**对其手段的异议。只有**恶劣的**目的：毒害、侮辱、否定生命、鄙视身体、人通过罪的概念来降格和自我损害，——**所以**，它的手段也是恶劣的。——我怀着相反的心情读《**摩奴法**

240 **典**》，一本无比精神化、无比优越的作品，把它和《圣经》相提并论就已经是反**精神**的罪行了。你们立刻猜到：在它**里面**、在它后面有一种真正的哲学，不是只有一种难闻的犹太拉比主义和迷信，——即便最挑剔的心理学家也能从中尝到一点什么。**可别**忘了要害，它与各种形式的圣经的根本区别在于：**高贵的**阶层，哲学家和战士，用它来掌控民众；处处可见高贵的价值，一种完满的感受，一种对生命的肯定，一种对于自己和生命的凯旋而归的感受，——**太阳**照耀着全书。——所有为基督教所不齿的事物，比如生育、女人和婚姻，在此都得到严肃的对待，并且怀着敬畏、爱和信任。一本含有那么下流言辞的书，怎么能够交到孩子和妇人手中：“为了不致淫

① 据说根据原文，当译作“法论”。参看《摩奴法论》，蒋忠新译，北京：中国社会科学出版社，1986年，第5页，译者前言。欧洲人根据自身的文化经验将其误译为“法典”，以讹传讹，尼采也用Gesetzbuch来称呼之。译者“将错就错”，在翻译中仍保留这个或许错误的译法，以合乎尼采本人的读法。——译注

乱，每个男人都有他的女人，每个女人都有她的男人，与其忍受发情之苦，不如结婚”？[①] 只要 immaculata conceptio[童贞受孕]的概念将人类的起源基督教化，也就是说污染了，一个人怎么可以是基督徒呢？……像《摩奴法典》这样对女人说了那么多温柔亲切的言辞的书，我还从未读到过；这些胡子花白的老圣者对女人献殷勤的方式，恐怕无人能及。有一处说到：“女人的嘴、少女的胸、孩子的祷告和祭品的熏烟总是纯洁的。”[②]另一处：“没有什么比太阳的光辉、母牛的身影、空气、水、火和少女的呼吸更纯洁的东西了。”最后一处——或许也是一个神圣的谎言——：“裸露肚脐以上都是纯洁的，肚脐以下都是不纯洁的。只有少女，全身是纯洁的。”

57

如果把基督教的目的和《摩奴法典》的目的比较一下，——如果把这两个最为对立的目的置于强光之下，就可以立即见出基督教手段的非神圣性。它使得基督教的批评者不得不贬低基督教。——像《摩奴法典》这样一部法典，它的诞生和每一部好的法典一样：它总结了几千年之久的经验、巧智和实验道德（Experimental-Moral），它画上了句号，它不再创造什么。这种法典的编纂以这样一个洞见为前提：为一个耗费许多时间和代价才获得的真理，其树立权威所需要的手段，根本不同于证明它所需要的手

① “为了不致淫乱……”]《哥林多前书》，第7章第2行和第9行。——编注

② 参看贾科利特（Jacolliot），出处同上，第225页以下。——编注

段。一部法典从不会讲述一条律法背后的用处、根据和疑点：如果这样恰恰就会损害它的命令口吻，“汝当”是服从的前提。而问题恰在于此。——在一个民族的某一个发展时刻，这个民族最审慎的（最为瞻前顾后的）阶层将应当（也即**能够**）把依此生活的经验宣告为完成。其目标在于，从实验阶段和**糟糕**经验中尽可能丰富和完备地将收获带回家。因此，现在首先需要防范的是，仍然继续实验，价值流动的延续，对价值的检验、筛选和批判持续 in infinitum［直至无限］。人们为此而设立了双重防护墙：首先是**天启**（Offenbarung），即声称律法**并非**源于人类的理性，**并不是**慢慢地从错误中寻找并找到的，而只是作为神性渊源，完全、完满、无历史的、像一个礼物、像一个奇迹一样被传达……其次是**传统**（Tradition），即声称律法自古以来早就存在，要怀疑它就是不虔诚的、就是对先
242 人的冒犯。律法的权威奠基于这两个命题：它是上帝**所赐**，它是先人的**生活**。——这样一种程序的更高的道理在于这样一个目的，即将意识逐渐地从被视为正确的（即被无数的、严格筛选过的经验**证明了的**）生活中排挤出去：如此使得本能得到完全的自主发展，——而这是达到任何一种精熟、完美的生活艺术的条件。以摩奴的方式编纂一部法典，这意味着从此以后承认一个民族，能够成为大师、变得完满，——具有达到最高生活艺术的抱负。**为此必须把它变成无意识的**：这是所有神圣谎言的目的。——**等级秩序**，这最高的、支配性的法则，只是一种**自然秩序**、第一位的自然法则的裁决，任何的专断、任何的“现代观念”都没有权力来裁决。在任何一个健康的社会中，三种生理学上重心各异的类型彼此区分而又相互规定，其中每一种类型都有它自己的保健方式、自己的工作领

域、自己感受完美和达至精熟的方式。将特别精神性的人、肌肉和性情特别强壮的人、两方面都不突出的第三种人(即常人)区分开来的,是自然,而**非**摩奴,——最后一种人是大多数,第一种人是优选品种。最高的阶层——我称之为**极少数人**——作为完美的阶层也具有极少数人的特权:包括表现地上的福、美、善。只有最富精神的人才有通往美、通**往**美好事物的资格:只有在他们那里,善好不是软弱。Pulchrum est paucorum hominum[美是少数人的][1]:善好是一种特权。另一方面,没有什么比丑陋的姿态、悲观的目光、**丑化事物**的眼睛——,甚或对事物整全的愤愤不平更让他们难 243
以忍受了。愤愤不平是旃陀罗的特权;悲观主义也是如此。"**世界是完满的**[2]——最富精神的本能、肯定的本能如是说:不完美、各种**低于**我们的事物、距离、对于距离的激情、旃陀罗本身都属于这种完美性。"最富精神的人是**最强大的人**,他们在其他人会毁灭的地方发现自己的幸福:在迷宫中,在对自己和他人的严厉中,在尝试中;自我征服是他们的快乐:禁欲对他们而言是自然、需要和本能。在他们看来,艰难的使命是特权,与重负嬉戏是一种**休憩**,这重负却会压死别人……知识——禁欲的一种形式。——他们是最值得尊敬的人:这并不排除,他们是最开朗、最可爱的人。他们统治,并非他们想要统治,而是因为他们是**天生的**统治者,他们无法成为第二等人。——第二等人:他们是法(Recht)的守卫、秩序和安全的看护者,他们是最高贵的战士,其中首要的是国王,作为战

① 参看贺拉斯:《讽刺诗集》,第一卷,9,44。——编注

② 世界是完满的]参看《查拉图斯特拉如是说》第四部,"正午"一节。——编注

士、法官和律法维护者的最高典范。第二等人是最富精神者的执
行机构，是从属者中和他们离得最近的人，是为他们承担了统治工
作中所有*粗俗部分*的人——他们的随从，他们的左膀右臂，他们最
好的弟子。——再说一遍，在所有这些事情上，没有什么是任意
的、没有什么是“人为的”；*其他的*样子才是人为的，——自然随之
而被损害……等级秩序、*等级制*(Rangordnung)只不过表达了生
活本身的最高法则，三种类型的区分对于社会的保存、对于更高的
和最高的类型的可能性而言是必需的，——权利的*不平等*才是根
本还有权利存在的条件。——权利是特权。每个人在他的存在方
式中都有自己的特权。切莫低估了*常人*的特权。越是向*上*，生活
越是艰难，——越来越寒冷，责任越来越重大。一个高等文化是一
244 个金字塔：它只能立于一个宽阔的基础之上，它首先得有一种强大
而健康地巩固起来的平庸作为前提。手工劳动、贸易、农耕、*科学*、
绝大部分的艺术，一言以蔽之，全部的职业活动，都只与常人的能
力和欲望相适应：对于例外者而言，这些都是不合适的，与之相应
的本能既与贵族主义又与无政府主义相悖。一个人成为一种公共
的用处、一个齿轮、一种功能，这其中有一种自然规定性：将他们组
成聪明的机器，这*不是*社会、*不是*绝大多数人单纯能有的*幸福*所能
办到的。对于常人而言，平庸是一种幸福；精熟于一方面，天生的
专家。如果一个更深刻的精神在平庸本身中已经看到一种异议，
那么这对他而言完全是有失体面的。平庸甚至是例外能够存在的
*首要*的必需之物：它是一个高级文化的条件。如果例外者(der
Ausnahme-Mensch)恰恰用温柔的手指来操纵平庸者，仿佛是在
操纵自己和自己的同类，那么这并不只是内心的谦恭，——这其实

是他的义务……当今的流氓中，我最恨的是谁？是社会主义流氓，这些旃陀罗使徒，他们毁坏了劳动者的本能、乐趣、以及对于其渺小存在的满足感，——他们激起了劳动者的嫉妒心、教他报复……不公正绝不存在于不平等的权利，而存在于对“平等”权利的诉求……什么是坏？我其实已经说过了：源于软弱、嫉妒和报复的一切。——无政府主义者和基督徒同根同源……

58 245

事实上，为了什么目的而说谎，这当中有一种分别：借此得以保存还是毁灭。在基督徒和无政府主义者之间完全可以划上等号：他们的目的和本能都只指向毁灭。对于这句话的证明，只要翻开历史就能读到：里面有极为确凿的证据。我们刚刚了解了一种宗教立法，它的目的是要将生命在其中得以繁盛的最高条件，即一种伟大的社会组织“永恒化”；而基督教的使命正在于，要终结这样一种组织，因为生命在其中得以繁盛。前者要使从长期实验和不确定中获得的理性达至最长久的益处，并且要将果实尽可能大、尽可能丰富和完备地带回家：后者却相反，它在一夜之间毒害了果实……那 aere perennius［像铜一样持久］① 的存在者，imperium Romanum［罗马帝国］，是迄今为止在艰难的条件下所达到过的最伟大的组织形式，与之相比，一切先前的和往后的组织形式都是残篇断简、劣质品和半吊子，——那些神圣的无政府主义者们还为自

① 像铜一样持久］参看贺拉斯：《颂歌集》，第三卷，30，1。——编注

己从中搞出了一种“虔诚”，即将“世界”（也就是 imperium Romanum[罗马帝国]）摧毁，直至片甲不留，——直至日耳曼人和其他野蛮人能够成为它的主人……基督徒和无政府主义者：此两者都是颓废者，他们除了给他者带来解体、毒害、枯萎、吸血的影响之外，别无所能，他们对于一切存在者、一切伟大的存在者、持续者、为生命承诺未来的事物有着源于本能的致命仇恨……基督教是 imperium Romanum[罗马帝国]的吸血鬼，——它在一夜之间毁灭了罗马人为一个前途光明的伟大文化赢得地基的壮举。——你们总还是没有理解这一点吗？我们所认识的 imperium Romanum[罗马帝国]，罗马行省的历史让我们认识得越来越清楚的 imperi-
246 um Romanum[罗马帝国]，这最可惊叹的具有伟大风格的艺术作品，只是一个开端，它在建造的时候所设想的是要用千万年来证明自己，——迄今为止从未有过这样的建筑，甚至从未有过梦想，在相同的程度上 sub specie aeterni[以永恒的眼光]来建造。——这种组织坚实稳固，足以经受糟糕的皇帝：在此类事物中，人的偶然性不该起任何作用，——一切伟大建筑的首要原则。然而，它却没有坚固到足以抵抗一切腐败中最腐败的一种，抵抗基督徒……这隐秘的蛀虫在黑夜、烟雾和模棱两可中悄然爬向所有的个体，从每个人身上吸掉了对于真实事物的认真态度、对于实在的全部本能，这帮阴险、女气而又像糖一样甜蜜的家伙逐渐使得这庞大的建筑丧失了灵魂，——丧失了那富有价值的、那男性-高贵的本性，这本性将罗马的事业视为它自己的事业、它自己的严肃、它自己的骄傲。虚伪的马屁精、秘密的教团集会、阴暗的概念（比如地狱、无辜者的牺牲、饮血结成的 unio mystica[神秘统一]），尤其是被慢慢煽动起来的报复之火、旃陀罗的报复之火——**这**成了罗马之主，伊壁鸠鲁已经在其预先形式中向这同一种宗教开战了。读读卢克莱修，就能理解，伊壁鸠鲁与**什么**作战，**不是**异教，而是“基督教”，即通过罪责、惩罚、不朽概念而实现的灵魂败坏。——他与**地下**崇拜、整个潜在的基督教作战，——那时，否认不朽已是一个现实可行的**解决办法**。——而且，伊壁鸠鲁本来是能够获胜的，那时，罗马帝国境内任何一个值得重视的人物都是伊壁鸠鲁主义者：**这时，保罗登场了**……保罗，已经化作肉身和天才的针对罗马、针对“世界”的旃陀罗仇恨，犹太人，**永恒的**杰出犹太人……他所猜中的，是如何能够借助犹太教之外小小的、教派的基督徒运动来点燃一场“世界大火”，如何能够通过“十字架上的上帝”这样一个象征来将 247
帝国中所有下层之物、所有隐秘谋反的因素、全部无政府主义阴谋的遗产总结成为一股惊人的权力。“救恩来自犹太人”[1]。——基督教之为公式，用来超越**并且**总结所有形式的地下崇拜，比如奥西里斯崇拜[2]、伟大母亲崇拜[3]和密特拉崇拜[4]：保罗的天才在于这种

① “救恩来自犹太人”]《约翰福音》，第 4 章第 22 行。——编注

② 奥西里斯(Osiris)：古埃及神谱中最重要的神灵之一。原是一个传说中的国王，后被兄弟赛特害死。他的妻子设法与死去的奥西里斯结合并怀孕、生下何露斯(Horus)。何露斯后来打败了赛特，并将奥西里斯复活。从此之后，死而复活的奥西里斯成了佑护植物丰收和一切再生力量的神灵。——译注

③ 母亲崇拜(die grosse Mutter)：指大地之母库柏乐(Cybele)，是罗马人引进的第一位亚洲神灵。这种崇拜具有狂欢性质，狂欢达到高潮时，新入教者就割下生殖器，作为供品献给女神，仪式非常血腥。——译注

④ 密特拉(Mithra)是一位伊朗神灵，密特拉教是公元 3 世纪时盛行于罗马的一种秘密宗教。密特拉是各种秘仪中唯一没有经历死亡的神，密特拉教也没有狂欢的或可怕的仪式。而且，在各种秘仪中，也只有密特拉教不接受女性，它几乎是士兵的秘密宗教。——译注

洞见。在这方面，他的本能是如此地确凿，以至于他可以带着对真理无情的暴力，将那些旃陀罗宗教为之欣喜若狂的观念，挂在他所创造的“救世主”嘴边，并且不只是挂在嘴边——以至于他可以从救世主中弄出一些一位密特拉教士也能够理解的东西……这就是他的大马士革时刻：他明白了，要贬低“世界”的价值，他就迫切需要对于不朽的信仰；他明白了，“地狱”概念还将统治罗马——他明白了，用“彼岸”来谋杀生命……虚无主义者和基督徒：他们是同道中人[①]，他们不仅仅是同道中人……[②]

59

古代世界的全部工作都白费了：我找不到词语来形容我对如此惊人之事的感受。——并且，如果考虑到他们的工作只是一种准备，考虑到他们怀抱着坚固的自我意识只是为一项千万年的工作奠定了基础，那么，古代世界的全部意义就都付诸东流了！……希腊人为了什么？罗马人为了什么？——一个有教养的文化的所有条件、一切科学的方法都已经具备了，人们已经确立了善于阅读的伟大艺术、无与伦比的艺术——这是通往文化传统、通往科学统

---

① 原文 reimt sich 的本义是“押韵”，虚无主义者（Nihilist）和基督徒（Christ）在德语中的韵脚都是 ist，因此尼采此话一语双关，这两者作为语词押韵，作为人是同道。——译注

② 这就是他的大马士革时刻……］参看科利版第 13 卷，11［281］（根据对托尔斯泰的阅读而写）。——编注

一的前提；自然科学，与数学和力学一起，位于最好的轨道上，——
事实感(Thatsachen-Sinn)，这最后、最有价值的感受，已经有了它 248
的流派，已经有了数百年的古老传统！人们理解这一点了吗？要投入工作所需的一切**本质性的东西**都已经被发现了：——方法，我必须一再强调，**是**本质性的东西，也是最难的东西，也是遭受了习惯和惰性最长久的抵触的东西。我们如今通过难言的自我克制才重新夺回的东西(因为，无论如何，我们身上全都具有恶劣的本能、基督教的本能)：自由地面对实在的眼光、小心谨慎的手、耐心、在极其细微之处的严肃认真、全部的知识**真诚**——它们已经在那了！两千多年前已经在那儿了！**并且**还要加上良好而细腻的分寸和品味！**不是**作为精神驯兽！**不是**作为粗野的“德意志”教化！而是作为身体、作为举止、作为本能而存在，——一言以蔽之，作为实在……**一切都白费了**！一夜之间只剩下一点回忆！——希腊人！罗马人！本能和品位的高贵，方法性的研究，组织和管理的天才，信仰，欲求人类未来的**意志**，对一切事物的伟大肯定化身为 imperium Romanum[罗马帝国]、让一切感官都能察觉，伟大的风格不再只是艺术，而是变成了实在、真理和**生命**……—— 一夜之间全都崩溃了，并且不是因为自然灾害！不是被日耳曼人和其他乡巴佬所践踏！而是被狡诈的、隐秘的、不可见的、贫血的吸血鬼所损害！不是被战胜，——而是被吸干了！……隐蔽的报复欲、小小的嫉妒心成了**主人**！所有可怜之物、所有为自身而感痛苦者、所有被恶劣感受所侵袭者、灵魂的全部**犹太世界**(Ghetto-Welt)一跃而升**至高处**！— — 只要读一读任何一位基督教的鼓吹者，比如神圣

的奥古斯丁[①]，就能理解，就能闻出，何种不洁净的家伙由此而升至高位了。如果人们假定基督教运动的领导者在理智上有任何一
249 种缺陷，那会是一种十足的自我欺骗：——哦，这些教父先生们，他们是聪明的，聪明以至于神圣[②]！他们所缺乏的是某种完全不同的东西。自然忽视了他们，——它忘了给他们一点儿可敬的、正直的和纯粹的本能作嫁妆……在我们当中，从未有过男人……如果伊斯兰教要藐视基督教的话，它有千万重理由这么干：伊斯兰教以男人作前提……[③]

60[④]

基督教从我们手中夺去了古代文化的果实，后来又从我们手

① 奥古斯丁]参看尼采致奥维贝克的信(1885年3月31日)：我读了圣奥古斯丁的《忏悔录》，当作一种休息，读的时候可惜你不在我身边，这让我感到非常遗憾。啊，这个老道的演说家！多么荒谬、多么混淆视听！多么地惹人发笑！(比如他年轻时的"盗窃行为"，根本上是一种大学生故事。)怎样一种心理学上的错误！(比如当他谈论他最好的朋友逝世的时候，他曾经和这位朋友共有一个灵魂，"他下定决心，继续活着，为了以这样的方式让他的朋友不致完全死去"。如此种种，都是可恶的谎言。)在哲学上的价值仿佛为零。民众化的柏拉图主义，也就是说，一种为最高等的灵魂上的贵族主义而发明的思想方式被改造得适合奴隶的本性。此外，在这本书中还能看到基督教的鬼胎：我看这书的时候带着一个毫无顾忌的医生和生理学家的好奇心。——编注。

② 聪明的，聪明以至于神圣]笔记本 W Ⅱ 8，第104页：聪明的，聪明得有毒。——编注

③ 前提……]笔记本 W Ⅱ 8，第93页：前提——而非半阉人和懦夫……[我们的每一个心跳都在称颂和褒扬的东西]——编注

④ 关于伊斯兰教，尼采读了J.威尔豪森的著作；除此之外，在他这一时期的笔记中还可以发现对奥古斯特·缪勒(August Müller)的一本书的摘记：《东西方的伊斯兰教》，1885—1887年；另可参看科利版第13卷，21[1]——编注

中夺去了伊斯兰文化的果实。西班牙摩尔人奇异的文化世界根本上比罗马和希腊离我们更近、更契合我们的感官与品位，它被践踏了——我说的不是被怎样的双脚所践踏——为什么？因为它是高贵的，因为它的起源归功于男人的本能，因为它尽管具有摩尔人生活中稀少、精细的高贵品质却仍然肯定了生命！……[1]十字军骑士后来与之战斗的东西，于他们而言，更合适的做法是在它面前自行倒入尘埃，——与这种文化相比，即便我们的19世纪也该显得极为贫乏、极为"晚熟"。——然而，他们想掠得战利品：那时，东方是富有的……摆脱偏见吧！十字军东征——高级海盗，此外无他！——德意志贵族，根底上的维京贵族[2]，其本质由此得到揭示：如何拥有德意志贵族，对此，教会知道得太清楚不过了……德意志贵族，永远是教会的"侍从"，永远服务于教会所有恶劣的本能，——但是报酬丰厚……教会恰恰借助德意志战刀、德意志鲜血和勇气来进行反对地上一切高贵之物的殊死战斗！这里有着许多令人痛心的问题。[3] 在高级文化的历史中，几乎没有德意志贵族：

① 西班牙摩尔人奇异的文化世界……］笔记本WⅡ 8，第92页：摩尔人奇异的文化（日耳曼人，这杰出的阉人种族，帮助基督教文化在西班牙毁灭了摩尔人文化）重又激起了那源于高贵本能的高贵精神与基督徒、教士的旃陀罗怒火之间最致命的战争。笔记本WⅡ 8，第91页：［西班牙完美的］西班牙人奇异的摩尔文化必定会被日耳曼阉人给践踏了！——这个文化，它的起源重又要归功于最高贵的本能，它重又肯定生命、肯定了生活中稀少而精细的高贵品质。——编注

② 此处"维京贵族"原文为Wikinger-Adel。"维京人"（Wikinger）原为野蛮的海盗，后改信基督教。——译注

③ 德意志贵族，永远是教会的"侍从"……］笔记本WⅡ 8，第92页：——教会恰恰在德意志贵族的帮助下，发动反对地上的"高贵价值"、支持旃陀罗价值的战争，对于一个德国人来说，这是最令人痛心的问题之一———日耳曼人，这种为教会所有的恶劣本能效力的佣人种族！——编注

250 理由一猜即中……基督教，酒精——这两个巨大的腐化手段……就伊斯兰教和基督教来看，这本身该没有选择可言，就像在一个阿拉伯人和一个犹太人之间没有选择可言一样。决定已经做出，没有人还能在此做选择。要么是一个旃陀罗，要么不是……“与罗马动刀开战！与伊斯兰结成和平、友好”：那个伟大的开明思想者(Freigeist)，德国皇帝中的天才，弗里德里希二世是这样感受的，也是这样做的。① 怎么？一个德国人首先必得是天才、首先必得是开明思想者，才能诚实地感受吗？——我不理解，一个德国人怎么可能曾经以基督徒的方式去感受……

61

在此必须提及一个对于德国人而言还要痛苦百倍的回忆。德国人从欧洲手中夺去了它本来还能带回家的最后一个伟大的文化果实，——文艺复兴的果实。什么是文艺复兴，你们最终理解了吗，你们想要理解吗？重估基督教价值，试图集结一切手段、一切本能和一切天才为相反的价值、高贵的价值赢得胜利的努力……迄今为止只有这是伟大的战争，迄今为止没有比文艺复兴的问题

① 就伊斯兰教和基督教来看，这本身……]笔记本 W Ⅱ 8，第 91 页：基督教或者伊斯兰教，哪个更有价值，即便只是提出这样的问题，在根本上甚至就已经是一桩反精神的罪了！它们是对立的价值。如果一个人身上具有高贵的本能，就只能像霍亨斯陶芬家族的弗里德里希二世那样选择：与罗马开战，与伊斯兰结成和平、友好！……笔记本 W Ⅱ 8，第 92 页：在伊斯兰和基督教之间该选择哪一个，人们怎么竟然能够提出这样的问题！两个宗教所表达的可是相反的价值呀！要么是旃陀罗，要么是高贵的……一个高贵的德国人只能像霍亨斯陶芬家族的弗里德里希二世那样想，即向罗马开战———。——编注

提法更具决定性的了，——我的问题就是它的问题——：也从未有过一种更根本、更直接、更严厉地在整条战线并向中心进发的进攻形式了！向关键位置、甚至向基督教的驻地发起进攻，让高贵的价值在这里登基，也即往在位者的本能、往其最为基础的需要和欲望中注入高贵的价值……我在眼前看到了一种可能性，其中有完全 251
超越尘世的魔力和色彩诱惑：——它仿佛在一切精美的震颤中闪闪发光，仿佛其中有一种艺术，是如此地神圣、如此魔鬼般地神圣，以至于人们千百年来徒劳地搜寻了第二个这样的可能性；我看到一幕戏，它是那么地意味深长，同时又那么惊人地荒谬，奥林匹斯山上的众神该当因此而有理由发出一声不朽的大笑了——切萨雷·博尔贾之为教皇……你们明白我的意思了吗？……好吧，这本该是那场如今只有我才渴望的胜利——：基督教随之被废除了！[①] ——发生了什么呢？一个德国僧侣，路德，来到了罗马。这个僧侣，身怀一位遭遇不幸的教士的全部复仇本能，在罗马向文艺复兴发怒……本该怀着最深的感激去理解所发生的惊人之事：在

① 我看到一幕戏……］参看雅各布·布克哈特：《意大利文艺复兴时期的文化》，莱比锡，1869 年（尼采藏书），第 91—95 页，特别是这一段："事实上，在亚历山大死后，无论切萨雷是否被选为教皇，他将不惜任何代价来占有这个教会国家（Kirchenstaat），但是在他犯下这些罪行之后，即使作为教皇，他也不能长久地维持下去，这一点是无可怀疑的。如果说有任何一个人会把教会国家世俗化，那就是他，并且他必定得这样做，才能在那儿继续统治下去。如果我们没有深受迷惑，那么这就是马基雅维利对于这个重大的罪犯抱有隐秘的同情的真正理由……如果在他父亲死时，切萨雷不是正好也濒临死亡的话，他会做些什么呢？他一旦动用所有的手段，让一个用毒药来裁过员的枢机主教委员会选他为教皇，特别是，如果当时还没有法国军队在附近的话，这会成为一个怎样的教皇选举会呢？一旦我们随着这些假定去设想，那就会迷失在一个深渊之中了。"——编注［译按：参看《意大利文艺复兴时期的文化》，何新译，商务印书馆，1996 年，第 111—114 页。译文根据德文有所改动。］

基督教的驻地克服了基督教——，他的仇恨却只知道从这幕戏中吸取自己的营养。一个宗教性的人只想着自己。——路德看到了教皇统治的腐败，而其反面恰恰显而易见：古老的腐败、peccatum originale[根本罪]、基督教不再居于教皇的宝座[1]！取而代之的是生命！是生命的凯旋！是对于一切高等、美好、大胆之物的伟大肯定！……路德重又建立了教会：他攻击教会……文艺复兴——一个没有意义的事件，一个巨大的徒劳！——啊，这些德国人，他们已经让我们付出了什么样的代价！徒劳无功——这总是德国人干的事。——宗教改革；莱布尼茨；康德和所谓的德国哲学；自由战争；帝国——每次都使得某种已经存在的东西、某种不可再生之物付诸东流[2]……我承认，这些德国人，他们是我的敌人：我藐视他们每一种概念和价值上的不洁净，藐视他们对于每一种诚实的是与否的胆怯。将近一千年以来，凡是他们用手指触碰过的东西，都
252 被弄得纠结不清、混乱一气，他们为所有的不彻底性而感到愧疚——八分之三主义！——欧洲因这种不彻底性而患病，——他们还为存在过的最不洁净的基督教形式，最无可救药的、最无可辩驳的形式，即新教，而感到愧疚……如果人们无法与基督教了断关系，那么德国人将为此而负有罪责……

62

——我就此打住，现在我要说出我的判决。我谴责基督教，我

① 教皇的宝座]笔记本 W Ⅱ 8，第 115 页：彼得[Petri]的宝座。——编注

② 他攻击教会……]参看科利版第 13 卷，22[9]。——编注

要向基督教教会提出有史以来一个控告者所能说出的最可怕的控
告。在我看来，它是所有可以想象的腐败中最严重的一种，它有过
求最后的、只要还可能的腐败的意志。基督教教会的败坏无所不
及，它从每一种价值中搞出一种无价值，从每一个真理中搞出一个
谎言，从每一种诚实中搞出一种灵魂上的卑鄙无耻。谁还胆敢向
我提及它的“人道主义”祝福！**消除**任何一种困境都违反它最内在
的利益，——它靠困境为生，它**创造了**困境，来使**自己**永存……比
如，罪（Sünde）这条蠕虫：凭借这个困境，教会才丰富了人
类！——“上帝面前，灵魂平等”，这个谬误，这个遮挡了所有思想
低劣者之仇恨的**帘幕**，这个概念炸药，它最终变成了革命、现代观
念和全部社会秩序的没落原则——是一个**基督教**的烈性炸药……
基督教的“人道主义”祝福！从人道当中培育出一种自我矛盾、一
种自我损害的艺术、一种不计代价地求谎言的意志、一种厌恶、一
种对所有良好的和诚实的本能的鄙视！——在我看来，这才是基 253
督教的祝福！——寄生是教会**唯一**的实践；用它贫血的“神圣”理
念吸干了每一滴血、每一种爱和对于生命的每一个盼望；彼岸之为
要否定每一种现实的意志；十字架是一个暗号，用来标识曾有过的
最为隐秘的谋反，——反对健康、美、良好的教养、勇敢、精神和灵
魂之善，**反对生命本身**……

只要有墙，我就会写上对基督教的这个永恒的控诉，——我拥有即便盲人也能看见的字母……我称基督教为一个巨大的诅咒、一个巨大的内在腐败、一个巨大的复仇本能，对于这种本能而言，没有什么手段是足够有毒、足够隐蔽、足够秘密、足够**小人**的，——我称基督教为一个抹不掉的人类污点……

人们根据 dies nefastus[不幸的日子](灾祸从此开始)来计算时间,——从基督教的第一天开始算!——为什么不从它的最后一天开始算呢?——从今天[①]开始?——重估一切价值!……[②]

*　　　*　　　*　　　*　　　*　　　*　　　*　　　*　　　*

① 即 1888 年 9 月 30 日。——编注

② 紧接着是被尼采划掉的给排字工人的提示:上面是一张白纸,纸上只有这样几个字:反基督教的律法。——编注

反基督教的律法[①] 254

在拯救的日子，在第一年的第一天（——即错误纪年的1888

① 当汉斯-约西姆·梅特（Hans-Joachim Mette）着手为存放在从前的尼采档案馆中的手稿进行说明和编号的时候，写有“反基督教的律法”的那张纸，确实放在《瞧，这个人》手稿盒中，但这个事实本身还完全不能说明这张纸是属于《瞧，这个人》的。在最初接手这些材料的时候，梅特必定会恪守材料的临时分类和编排。真正着手编辑《瞧，这个人》在当时（1932年）还远未可能。再者，这本书的付印稿至那时为止已经辗转几手了：1. 至1889年1月中旬为止存放在位于莱比锡的C. G. 瑙曼印刷厂；2. 彼得·加斯特保存至1893年11月17日；3. 落在尼采母亲和妹妹的手中，存放在瑙姆堡至1897年，后存放在魏玛尼采档案馆至1908年；4. 1908年上半年，莱比锡哲学教授拉奥·里希特（Raoul Richter）为编辑《瞧，这个人》第一版而使用了这份手稿；5. 当李希特完成了编辑之后，这份手稿又回到了魏玛。

梅特的说明把写有“反基督教的律法”的这张纸和另一张纸联系了起来，这另一张纸也在《瞧，这个人》手稿盒中，并且上面写有《查拉图斯特拉如是说》第三部“新牌与旧牌”§30。梅特写到：“紧接着第44页的还有一张编号为47的纸：在拯救的日子，在第一年的第一天（——即错误纪年的1888年9月30日）颁布等等。还有一张编号为48/49的纸，上有《查拉图斯特拉如是说》第三部‘新牌与旧牌’§30，曾被设想用作后记。但是无论如何，尼采没有把45—49页一同送去出版，47—49页是在他的遗稿中发现的。”梅特所谓的页码是尼采自己标的；据此，《瞧，这个人》付印稿中该是缺了45和46两页。

埃利希·波达赫和皮埃尔·尚罗米认为，第47页（“反基督教的律法”）和第48/49页（《查拉图斯特拉如是说》第三部“新牌与旧牌”§30）是在一起的。根据《敌基督者》付印稿的最后一页（参看科利版第6卷第253页，第20行）上对排字工人的提示（后被尼采划掉）和这同一页上（尼采自己所标）的页码，波达赫将第47页和第48/49页（尼采在正反两页编码）作为《敌基督者》的结尾来出版。就这两页原本归属于《敌基督者》这一点，米罗米并无异议；他在此之外想要证明的是，“反基督教的律法”与尼采在《瞧，这

年9月30日)颁布

个人》"目录"中所谓的"宣战"相同。《瞧,这个人》的"目录"写于12月初并被附入审校过的付印稿(参看《瞧,这个人》编者前言)。在"目录"中,"宣战/锤子讲话"被标识为《瞧,这个人》的结尾(参看科利版第6卷第262页)。在尚罗米看来,"锤子讲话"是对第47/48页的预先称呼。此外,在"反基督教的律法"的结尾处(第46页)有尼采给排字工人的以下提示:"一张白纸,上面只写这样几个字:锤子讲话/查拉图斯特拉3,90"。尚罗米认为,"第47和第48/49页的先后次序应该是这样的:1.《敌基督者》的结尾;2.《瞧,这个人》的结尾;3.一份最终被尼采所放弃的文本"。相反,波达赫认为,《瞧,这个人》"目录"中被称为"锤子讲话"的文本应该成了《偶像的黄昏》的结尾。

在《偶像的黄昏》结尾处确实有"锤子讲话"这个标题和"查拉图斯特拉3,90"这个提示(参看科利版第6卷,第161页)。尼采所指的是《查拉图斯特拉》第三部第一次印刷中的页码,并且指的是"新牌与旧牌"一章中的第29节,这一节全都在《查拉图斯特拉》第三部第一次印刷的第90页上,并且构成了《偶像的黄昏》的结语。在《查拉图斯特拉》第三部第一次印刷的第90页上却只能读到这一章第30节(也就是第47/48页的文本)的头两段。

我们确定了以下事实:"锤子讲话"这个标题出现了三次——分别作为《偶像的黄昏》、《敌基督者》和《瞧,这个人》的结尾,"查拉图斯特拉3,90"这个提示出现过两次:在《偶像的黄昏》和《敌基督者》当中。

以下我们将要考察的是:1."反基督教的律法"与《瞧,这个人》"目录"中所谓的"宣战"是不是一回事;2.第47/48张纸究竟是属于《敌基督者》还是属于《瞧,这个人》的付印稿(标题均为"锤子讲话")。

"反基督教的律法"与"宣战":在12月初写给格奥尔格·勃兰克斯的信稿中(这封信没有保存下来),尼采把"律法"称为《敌基督者》的结尾:"**当您最终读了签署在《敌基督者》下面的反基督教的律法(它是这本书的结尾)的时候,谁知道呢,甚或您的双腿,恐怕都会颤抖的**",尼采这样写道并且引用了"律法"里面的几个句子。写给勃兰克斯的信是为了说服他去操办《敌基督者》的丹麦文翻译:"**丹麦语版,我考虑的是您;瑞典语版,我考虑到的是斯特林堡先生。**"如果说,这封致勃兰克斯的信在事实上是否寄出,是可以怀疑的,那么相反可以肯定的是,另一封同时的信(建议操办瑞典语翻译)到了斯特林堡的手中。对于尼采的建议,斯特林堡是这样回答的:"可以让格鲁兰来译成我们的语言:但是为什么不译成法语或者英语呢?"(Et vous voulez être traduit en notre langue Groenlandoise : Pourquoi pas en Français, en Anglais?)然而,在遗留下来的尼采致斯特林堡的信件中,并没有一封里面有这样的建议。考虑到致勃兰克斯的信颇不得体,而致斯特林堡的信想来也相差无几,所以极有可能的是,两封信在后来某个时候都被毁掉了。

斯特林堡的信于11月7日寄至都灵，第二天尼采回信并考虑了斯特林堡的建议，即将之译成法语，但这次谈的不是《敌基督者》，而是《瞧，这个人》的翻译（参看《尼采生平编年史》）。在尼采12月8日致斯特林堡的信中，有一句关于《瞧，这个人》的话，这句话在迄今为止所有的版本中都被隐去了。即当他把《瞧，这个人》称为“敌德意志（anti-deutsch）乃至于毁灭”的时候，还写道：“**我把年轻的皇帝称作一个双颊猩红的伪君子。**”（此即被隐去的句子。）在《瞧，这个人》现在的付印稿中，找不到任何一个地方用这样的言辞来谈论“年轻的皇帝”（威廉二世）。尼采至1889年1月2日所完成的《瞧，这个人》付印稿并没有如其所是地保存下来，我们在《瞧，这个人》的评注中对此做了说明。不过，这里必须先提几个与《瞧，这个人》错综复杂的文本历史相关的方面。

写于1888年12月的残篇已经作为文本出版（科利版第13卷），它们是尼采在写作《敌基督者》的过程中，为规模或大或小的誊清稿所写的可能的草稿——在这些残篇当中，有好几处可以和“宣战”相关联：25[1]，25[6]，25[11]，25[13.14]。从这几处，我们可以对“宣战”的内容有一个大概的了解。其中，25[6]又特别值得我们注意。这个残篇有两段。第一段与“我为什么是命运”章第一段话的最终形式相应（有出入）；第二段却找不到相应之处，无论是在上述章节，还是在（传到我们手上的）《瞧，这个人》的其余部分。在“这些紫袍缠身的白痴”（比较尼采致斯特林堡的信中所谓的“双颊猩红的伪君子”）旁边可以看到伊丽莎白·福斯特-尼采的按语：“这个说法还出现在另一张纸上，我们的母亲因为它亵渎君王而将其烧毁了。”因此，这张被烧掉的纸原本属于《瞧，这个人》，它就是尼采在“目录”中所标识的并寄往莱比锡的“宣战”，它的矛头指向霍恩索伦家族及其“工具”“俾斯麦侯爵”。

然而，当奥维贝克根据留存在都灵的付印稿为《敌基督者》制作副本的时候，他为什么没有抄下《反基督教的律法》呢？在那份如今依然保存在巴塞尔大学图书馆的副本中可确实没有《律法》。波达赫（《尼采崩溃时期著作》，第400页）提示了唯一可能的答案：带有《律法》的那张纸“之前被封住了或者被另一张纸给盖住了……奥维贝克确实没有看到这张纸”。我们必须再来看看所谓的《瞧，这个人》手稿盒。我们在这里找到的不只是第47（律法）和第48/49页（锤子讲话），而且还有《敌基督者》付印稿的第46页。这张纸的正面被尼采编号为46，上有62节的结尾，纸的背面没有写字，但是上面有胶水的痕迹。另一方面，第47页纸——没有标号——的背面也写有字，是为《瞧，这个人》中“瓦格纳事件”一章第4节所写的草稿和为第5节所做的笔记。47页正反两面也都有胶水的痕迹。并且，带有《瞧，这个人》笔记的那页（第47页写了字的背面）上面的痕迹与46页（没有写字的）背面的胶水痕迹形状完全相符。那么，47页正面的胶水痕迹是怎么回事呢？答案在彼得·加斯特为一个《律法》草稿（笔记本WⅡ10，第135页）所写的按语当中，波达赫是第一个征引了这句话的人。按语的内容是：“参看敌基督者手稿最后被封住的那一页，要对着灯光阅读，也参看笔记本ZI，第26页。”（笔记本

WⅡ10,第135页即残篇25[1];按照现在的编号,笔记本ZⅠ第26页即笔记本ZⅡ1第26页,是《律法》的一个真正的草稿。)因此,当彼得·加斯特还在尼采档案馆工作的时候,《反基督教的律法》就已经被一张白纸给封住了,并且还被贴在了《敌基督者》最后一页的背面。奥维贝克抄下了《敌基督者》的结尾,却没有抄下《律法》,因此他在都灵发现的付印稿结尾必定已经是那番样子了。也就是说,是尼采自己把47页给粘上并且封住了。把第47页背面和第46页背面粘在一起,这是很容易解释的,因为第47页的背面上有《瞧,这个人》的草稿,尼采必须把它弄掉,以免随后在打印的时候导致混乱。他在制作其他付印稿的时候也有类似的做法;比如,当他为《偶像的黄昏》中"我感谢古人什么"一章 制作付印稿的时候就是这样;这些纸张的背面都互相粘在一起,因为它们——如我们所能确定的那样——上面有为后来的《瞧,这个人》所写的草稿,并且还有残篇24[10](科利版第13卷)。可是尼采为什么要用一张白纸来封住正面呢?为了保密,放弃发表?对此不可能有一个确切的答案。可以肯定的是,《反基督教的律法》与"宣战"绝非同一回事,并且《律法》是《敌基督者》付印稿的组成部分。

最后,还值得注意的是,尼采在《瞧,这个人》"我为什么写出如此好书"一章(第5节)中引用了《律法》的一句话:"对此,我有着既诚实又严格的思考,为了不使诸君怀疑这一点,我还要从我反对恶习的道德法典中引用一句话:我用恶习这个词来反对所有形式的违逆自然,或者如果你们更喜欢漂亮字眼的话,反对理想主义(Idealismus)。这句话是:'宣扬贞洁是公开鼓动人们去违逆自然。通过"不洁"这个概念,对性生活所进行的每一种藐视、每一种玷污都是对生命的犯罪本身,——都是真正的罪,它违逆生命的神圣精神。'——"(科利版第6卷,第307页,第4—13行;参看同一卷中的第254页,第19—22行。)

"我为什么写出如此好书"第五节中的这句结语是尼采在12月初修改时所写的,这时他把"宣战"附入到《瞧,这个人》的付印稿。他怎么可能在一本书的一节中征引了其"反对恶习的道德法典"的一句话,而这同一部"道德法典"却又位于这本书的结尾(也就是说,如果《律法》和"宣战"是一回事的话)?这毋宁是对(尼采眼中的)震撼世界的"重估一切价值"(即《敌基督者》)的一个预先引用,难道不是吗?

出于以上原因,我们把《律法》放在《敌基督者》的结尾出版(赞同波达赫,反对尚罗米)。用小字排版是为了让读者注意,《律法》被尼采封住了,并且无法更确切地推断他这样做的意图。

"锤子讲话"——两次还是三次?波达赫认为,"锤子讲话"(位于尼采为《瞧,这个人》所写的"目录"的结尾处)被放到《偶像的黄昏》中去了;正如尚罗米正确看到的那样,这在时间顺序上是错误的。当尼采写作《瞧,这个人》的时候,《偶像的黄昏》已经印出来了,并且以《锤子讲话》(即《查拉图斯特拉如是说》第三部,"新牌与旧牌",§29)

反对恶习[①]的殊死之战:这恶习就是基督教

第一条——任何一种形式的违逆自然(Widernatur)都是可恶的。教士是最可恶的一种人:他教导人们违逆自然。用来反对教士的不是理由,而是监狱。

第二条——每参加一次礼拜都是对公共道德(die öffentliche Sittlichkeit)的一次谋杀。要比反对天主教徒更加严厉地反对新

结尾。

尚罗米认为,如果要把《律法》置于《敌基督者》的结尾,那么还得跟上第48/49页。然而事实上,当尼采于12月29日给C.G.瑙曼寄送酒神颂歌"荣誉和永恒"的时候,作为《瞧,这个人》的结尾,《锤子讲话》不是在都灵(和《敌基督者》的付印稿一起),而是在莱比锡(和《瞧,这个人》的付印稿在一起),他随同寄上的还有这个提示:"缺去[原文如此!当为略去]宣战这段——还有锤子讲话。"

与尚罗米相反,我们的论证表明,《律法》与"宣战"不是一回事,并且后者事实上也不在《瞧,这个人》的付印稿之中。我们所得到的《瞧,这个人》付印稿的最后一页是尼采自己所编的第44页;因此,缺失的第45—47页必定包含了被(尼采的亲人)毁掉的"宣战"。"目录"和尼采的上述提示所指的《锤子讲话》这一段,是第48/49页(上有《查拉图斯特拉如是说》第三部,"新牌与旧牌",§30)。

然而尼采在《律法》的结尾处(从此被封住)所写的提示指的是哪个文本呢(参看上文第450页[译按:指科利版第14卷页码])?我们已经说明,对《查拉图斯特拉如是说》第三部第一版第90页的提示,所指向的更可能是"新牌与旧牌"的第29节,而非第30节。根据尼采自己的说法,《律法》写于9月30日;他在同一天写了《偶像的黄昏》的前言。在时间顺序上完全说得通的是,尼采在最后时刻把原本属于《敌基督者》付印稿的29节取出,并作为《偶像的黄昏》的结尾。此外,《偶像的黄昏》付印稿中《锤子讲话》一页的纸张与《敌基督者》(包括《律法》在内)的付印稿是一样的。

总而言之:"锤子讲话"这个标题有两次指的是"新牌与旧牌"一章(《查拉图斯特拉如是说》第三部)的第29节,并先后作为1.《敌基督者》的结尾,2.《偶像的黄昏》的结尾;它第三次所指向的是同一章的第30节,并且直到12月29日为止是《瞧,这个人》的结尾。——编注

① 恶习(Laster)是德性(Tugend)的反面,lasterhaft相应地译为"可恶的"。——译注

教徒，要比反对笃信的新教徒更加严厉地反对自由派的新教徒。当基督徒靠近科学的时候，他身上的犯罪因素增加了。因此，哲学家是罪犯中的罪犯。

第三条——那该诅咒的地方（基督教在上面孵养了它的怪蛇蛋）该被夷为平地，并且该作为地上的可耻之处让后世永感恐惧。该在上面驯养毒蛇。

第四条——宣扬贞洁是公开鼓动人们去违逆自然。通过"不洁"这个概念，对性生活所进行的每一种藐视、每一种玷污都是真正的罪，它违逆生命的神圣精神。

第五条——与一个教士同桌进餐要遭驱逐：一个人因此而把自己逐出了诚实的社会。教士是我们的旃陀罗，——该排斥他，让他挨饿，把他赶到随便哪一种沙漠里去。

第六条——该把"神圣的"历史称为该诅咒的历史，这是它该有的名称；该把"上帝"、"救主"、"拯救者"、"圣者"这些词用作脏话、用作罪犯的标志。

第七条——余者由之得出。

敌基督者

科利版编者说明[①]

《敌基督者》的打印稿被保存了下来。它是尼采亲手誊写的，间有彼得·加斯特的改动，他主要在拼法和标点上做了修改。最迟从1888年11月20日（致勃兰兑斯的信）开始，尼采不再把《敌基督者》视为《重估一切价值》的第一卷，而是把它看作全部的《重估》，于是主标题（"重估一切价值"）现在变成了副标题，正如他在写给保罗·多伊森的信中所明确讲述的那样："我的重估一切价值已经完成了，主标题是《敌基督者》。"《敌基督者》"升值"成了全本《重估一切价值》，与此相应，在打印稿的前面有两张标题页。第一张，即原先的一张上面写着："敌基督者/对基督教进行一种批判的尝试/第一卷/重估一切价值。"后面的一张上面写着："敌基督者/[重估一切价值]/对基督教的诅咒。"其中，副标题"重估一切价值"最后被尼采划掉了。因此，这本书最终的书名应该是：敌基督者/对基督教的诅咒。卡尔·施莱希塔首先在他的版本中使用了正确的书名（参看施莱希塔编：《尼采著作三卷本》，第二卷第1159页和第三卷第1388页）。

1895年，《敌基督者》首次出版，见于由弗里茨·克戈尔（Fritz

① 据科利版第14卷（《第1—13卷注释》）第434—436页译出。——译注

Koegel)开始编辑的尼采著作大八开版，而且是在第8卷中；这个版本的书名不准确，文中还有四处被删节。1899年，《敌基督者》再次出现在新大八开版的第8卷中，编者为阿图尔·赛德尔(Arthur Seidl)；书名还是不准确。克戈尔版名为："敌基督者/对基督教进行一种批判的尝试"，现在名为："权力意志/重估一切价值的尝试/作者：弗里德里希·尼采/前言和第一卷：敌基督者"。自从1905年《权力意志》第一次从遗稿中被任意地编纂、出版以来，这本书——总是收在大八开本的第8卷——的标题也被做了如下改动："重估一切价值/前言和第一卷：敌基督者"。新的、从此之后固定下来的大八开版的编者署名为尼采档案馆；彼得·加斯特虽然从1900年才开始在档案馆工作，却一直是尼采著作编辑中所有问题上决定性的权威(尽管是在伊丽莎白·福斯特-尼采的监管之下)。1906年，《敌基督者》又在"口袋本"中作为第10卷出版。这个版本题为："重估一切价值/(残篇)/作者：弗里德里希·尼采/前言和第一卷：敌基督者"。伊丽莎白·福斯特-尼采撰写了这一卷的后记，其中包括了关于"重估价值""遗失"手稿的著名谎言，我们将在《瞧，这个人》的评注中再来谈论这个问题。

在克戈尔版(GAK)中被删节的四处为：

a)科利版第6卷，第200页，第29节，"不如用一个完全不同的词语来得更恰当：白痴(Idiot)"一句中"白痴"被删去。

b)科利版第6卷，第207—208页，第35节，"对同钉十字架上的罪犯所说的话包含了全部福音。罪犯说：'这真是一个神性的人，一个"上帝的孩子"。'救世主回答说：'如果你这么想，那么你也在天国，连你也是上帝的孩子……'"删去这段话的原因或许是尼采对福音书的错误引用;参看正文脚注。

c)科利版第6卷,第211页,第38节,“一个年轻的君王,位于其政权的顶端……”中“年轻的”被删去。删去这个词,是为了掩盖尼采对威廉二世的影射。

d)科利版第6卷,第253页,第62节,全文最后一段全部被删。

第4处在1899年之后的版本中都被恢复了。第1和第2处在尼采档案馆授权的版本中全都被删掉了。值得注意的是,第3处(即“年轻的”)只在口袋本(1906)本被恢复,除此之外,在所有尼采档案馆授权的版本中都没有这几个字。关于这些删节,只有在阿图尔·赛德尔的后记(1899年的大八开版和小八开版)中有所交待,除此以外,在所有其他由尼采档案馆授权的《敌基督者》的各种版本中都没有对删节有任何交待。约瑟夫·霍夫米勒(Josef Hofmiller)在《尼采》(南德月刊,1931年11月)一文中首次公布了第1、2、3处。1956年,卡尔·施莱希塔在他的版本中出版了带有正确标题和至那时为止被删节之处的《敌基督者》。

至于为什么要在考订全集版(KGW)和科利版中发表《反基督教的律法》,请参看结尾处的脚注。

编辑《敌基督者》有些附加的问题,特别是在拼法和标点方面:在这一方面,主要的工作是去掉彼得·加斯特对尼采打印稿的上述篡改。这些篡改无法全部确切地识别;为此而参考了奥维贝克的《敌基督者》抄本,这个抄本保存在巴塞尔大学图书馆中。尼采发疯之后不久,弗兰茨·奥维贝克就完成了他的抄本,并且是在1889年2月和3月间,先于他把《敌基督者》的打印稿交给彼得·

加斯特。他犯了几个识别上的错误，可仍然是一个比彼得·加斯特更加忠实的抄写者，因为他没有后者的“修正之心”。

尼采手稿和笔记简写表[①]

W 系列为所谓“重估时期”(1884—1889 年)的笔记本：

W Ⅱ 6　　对开本。146 页。计划、构思、残篇。有关《瓦格纳事件》《偶像的黄昏》《瞧，这个人》的笔记，1888 年春，1888 年 9、10 月。科利版第 13 卷：15、19、23。

W Ⅱ 7　　四开本。164 页。计划、构思、残篇。有关《瓦格纳事件》《偶像的黄昏》的笔记，1888 年春至夏，1888 年 10 月。科利版第 13 卷：16、23。

W Ⅱ 8　　四开本。154 页。计划、构思、残篇。有关《偶像的黄昏》《敌基督者》《瞧，这个人》的笔记。1888 年 5—6 月，1888 年 9—10 月，1889 年 1 月初。科利版第 13 卷：17、22、25。

W Ⅱ 10　　大八开本。212 页。诗歌和诗歌残篇。有关《狄奥尼索斯颂歌》《瞧，这个人》《尼采反瓦格纳》的笔记。1888 年夏，1888 年 12 月。科利版第 13

① 据科利版《尼采著作全集》第 14 卷第 21—35 页的总简写表，此处仅列出本书编注中出现的尼采手稿和笔记缩写。——译注

卷:20、25。

MP系列为散页文件夹,内有各种样式、各种来源的纸张,时间跨度为1871年初至1889年初:

Mp XVI 4　有关《瓦格纳事件》《偶像的黄昏》《敌基督者》《瞧,这个人》的笔记。其他计划和草案。1888年5—10月。科利版第13卷:17、18、19、23。

Z系列为查拉图斯特拉时期(1882—1885年)的笔记本:

Z II 1　大八开本。110页。计划,构思,残篇。有关《查拉图斯特拉如是说》第三部的笔记。后半部分为《瞧这人》和《尼采反瓦格纳》的笔记。1883年秋季,1888年10月。科利版第10卷:16。科利版第13卷:23。

WM[2]　“权力意志”(=GA第15和16卷,1911)。GA即大八开版(=尼采著作19卷加上1卷索引,莱比锡,1894年及以后年份,瑙曼/克洛纳)。

译　后　记

“书中某些地方已经不再是批判，而是野蛮的辱骂，在其中，尼采越说越愤怒，仿佛一位失去了自控能力的癫痫症患者。从第一行直到最后一行，整本书看起来几乎是在感情风暴中一口气写完的。”[①]这是爱德华·冯·哈特曼的学生、当时颇富文名的德柳斯（Arthur Drews）在其出版于1904年的《尼采的哲学》中对《敌基督者》的评价，这一评价大致能够概括人们对这本书的第一印象了。如果说德柳斯的评价距离尼采的时代还太近，可能还只是偏颇的第一印象的话，那么欧根·芬克（Eugen Fink）在其重要研究著作（同样题为《尼采的哲学》，初版于1960年）中的评价则表明，这种“第一印象”其实往往是人们对于这本书的最终理解：“在《敌基督者——对基督教进行一种批判的尝试》中，尼采以一种无可比拟的炙热仇恨和潮水般的谩骂、怀疑，与基督宗教作斗争。他高超的攻击技艺，无所不用其极，发出了刺耳的声音。漫无节制在很大程度

① Arthur Drews, *Nietzsches Philosophie*, Heidelberg, 1904, S. 484.《敌基督者》首版于1895年，当时的副标题被误定为“对基督教进行一种批判的尝试”，故而有“不再是批判”的说法。另外，德柳斯的代表作《基督神话》（*Christusmythe*）出版于1909年，是耶稣生平研究中的重要著作，他追随布鲁诺·鲍威尔的立场，试图透过福音书去发现历史中的耶稣，出版后引起了很大的反响，他本人也因此而成为大卫·施特劳斯和布鲁诺·鲍威尔之后当时德语学界最重要的耶稣生平研究者。

上反而使自身没有达到想要的结果：当一个人嘴角白沫四溅的时候，他并不能使人信服。就事情本身来说，这本书并未带来什么新东西，尼采把他关于同情的道德和教士心理学已经说过的东西集结一处，——然而，他现在赋予自己的思想以一种前所未闻的、伤人感情的尖刻，他想要伤害，想要打传统的耳光，想要通过敌基督的评价来'重估价值'。"[①]就尼采为自己的著作所赋予的战斗形态来看，这种理解并不算错，然而，随着对于尼采文本的语文学研究自20世纪70年代以来逐步取得突破性的进展[②]，上述理解已经被证明是浮泛之见了。

这方面的研究最早大概可以追溯至萨拉科瓦达（Jörg Salaquarda）于1973年发表在《尼采研究》第二期上的长文[③]，他在这篇题为"敌基督者"的文章中认为，尼采对"敌基督者"这个书名的选用有着精审的考虑，含义实非"敌对"那么简单，并且尼采的"敌基督者"与叔本华关于"敌基督者"的论述有着紧密的关联。1981年，萨皮罗（Gary Shapiro）在英语学界写了翻案文章《尼采的涂鸦：对"敌基督者"的一种解读》[④]。他尝试将《敌基督者》放回到

① Eugen Fink, *Nietzsches Philosophie*, Stuttgart, 1973, S. 134.

② 为这种研究奠定基础的，首先是乔尔乔·科利和马志尼·蒙提那里自1967年开始编辑的《尼采著作考订全集版》，其次是权威杂志（尼采研究）（*Nietzsche-Studien*）于1972年的创刊。

③ Jörg Salaquarda, *Der Antichrist*, in: Nietzsche-Studien, Bd. 2 (1973), S. 91—136.

④ Nietzsche's Graffito: *A Reading of The Antichrist*. In: Why Nietzsche Now? A Boundary 2 Symposium (Spring-Autumn, 1981)，第119—140页。后更名为 The Writing on the Wall 重新发表，中译《墙上的书写："敌基督者"与历史的语义学》，载《尼采与基督教思想》，田立年译，道风书社，2001年。

它的文本关联中去,其中既包括《旧约》和《新约》,也包括勒南的《耶稣的一生》和《敌基督者》,还有威尔豪森的圣经考据和陀思妥耶夫斯基的小说等等[①],他试图由此证明这本看似粗鲁的小册子其实有着极为精巧的"文本政治学"(textual politics)构造。而后,《尼采研究》中陆续有多篇文章专论《敌基督者》中的耶稣、保罗和《摩奴法典》等[②]。这一系列研究的高峰和总结是德国学者佐默尔(Andreas Urs Sommer)出版于2000年的皇皇巨著《弗里德里希·尼采的〈敌基督者〉:一种哲学-历史学评注》[③]。在科利版中,尼采的原文只有不足一百页,而佐默尔的注疏却将近八百页(正文近七百页),这足以见出《敌基督者》的真正"厚度",它实非尼采的"谩骂"那么简单。[④]

尼采几乎终生为眼疾所困,却一直是一位勤勉的读者。他自

① 对《敌基督者》复杂的文本语境的揭示首先当归功于乔尔乔·科利和马志尼·蒙提那里的编辑工作,他们共同编辑的尼采著作考订研究版开始于1967年,完成于1977年(考订全集版的工作至今仍在继续)。除了添加少量说明性的译注之外,这个译本力求原原本本地译出他们的编注,这些编注实为后来的语文学研究的基础。

② U. Kühnewg, *Nietzsche und Jesus — Jesus bei Nietzsche*, in: Nietzsche-Studien, Bd. 15(1986), S. 382—397. A. Etter, *Nietzsche und das Gesetzbuch des Manu*, in: Nietzsche-Studien, Bd. 16(1987), S. 340—352. Thomas H. Brobier, *The Absence of Political Ideals in Nietzsche's Writing. The Case of the Laws of Manu and the Associated Caste-Society*, in: Nietzsche-Studien, Bd. 27(1998), S. 300—318. D. Havemann, *Evangelische Polemik. Nietzsches Paulusdeutung*, in: Nietzsche-Studien, Bd. 30(2001), S. 175—186.

③ Andreas Urs Sommer, *Friedrich Nietzsches《Der Antichrist》. Ein philosophisch-historischer Kommentar*, Basel, 2000.

④ 在2000年之后还有两本较大部头的相关研究:D. Havemann, *Der „Apostel der Rache", Nietzsches Paulusdeutung*, Berlin, 2002. Heinrich Detering, *Der Antichrist und der Gekreuzigte, Friedrich Nietzsches letzte Texte*, Göttingen, 2010.

己的兴趣自然不在一板一眼的学术工作，可他善于阅读学术著作并善于将其转化为自己的思想元素，这尤其体现在《敌基督者》当中。这本小册子看似任意而粗鲁，事实上却吸收了同时代多个相关领域的权威研究，是在相当扎实的学术基础上写成的。如对初始教团（§31、40—41）和保罗（§41—46）的解释与尼采的朋友、教会史学家奥维贝克的原始基督教研究多有关联，对基督教的文化史考察（§58—61）与尼采的另一位巴塞尔同事、著名历史学家布克哈特的著作（如《康斯坦丁大帝》和《意大利文艺复兴时期的文化》）关系密切，对以色列历史（§25—26）的论述则直接来源于现代圣经考据学开山者威尔豪森（Julius Wellhausen）影响深远的名著《以色列历史导论》，书中的佛陀形象（§20—23）以印度学家奥登伯格（Hermann Oldenberg）[①]的佛教研究为基础，而耶稣解释（§28—35）除了受到俄罗斯大文豪托尔斯泰及陀思妥耶夫斯基的影响之外，也与从施特劳斯（David Strauss）到勒南（Ernst Renan）的耶稣生平研究紧密关联。此外，尼采也熟悉同时代的东方学家和比较宗教学奠基者马克斯·缪勒（Max Müller）的著作，他在书中所展现出来的广博的世界宗教视野（尤其是东方视野）与此大概也不无关系。一位博学而慎思的读者生逢一个学术史上的黄金时代，一位怀抱历史使命的哲人又偏爱格言的力量，如此才有了这本薄而厚、厚而又薄的经典之作。

再比如，《敌基督者》的论述就规模而言是贯穿了全本《圣经》的，从《旧约》的律法书（尤其是§48对《创世记》前几章的专门分

① 尼采的朋友保罗·杜伊生（Paul Deussen）也是同时代著名的印度学家。

析）到先知书（如§25），从三部同观福音书（尤其是§45）、《约翰福音》（如§24）、《使徒行传》（如§58）、保罗书信（尤其是《哥林多前书》，如§45）直到《启示录》（如书名“敌基督者”和“7”的隐喻）。并且，通过《创世记》中的“蛇”与《启示录》中的“敌基督者”的关联，尼采事实上将《圣经》首尾相连，将其归纳成了一个主题，给出了一个统一的解释，而这也关系到《敌基督者》这本书的真正主题和“敌基督者”这个书名的深层含义。其构思之谨严、用笔之节约，实在令人惊叹。

在文本的“密度”之外，还需说明的是尼采在语言上的别具匠心。他所选用的许多词语看似尖刻的谩骂，实有丰富的思想内涵。如在他妹妹所主持编辑的版本中被删减的“白痴”（Idiot）一词实为其耶稣论的关键概念，要从这个词的希腊语源，甚至从陀思妥耶夫斯基所塑造的文学形象上才能理解它的含义。再如副标题中的“诅咒”（Fluch）一词所对应的是“祝福”（Segnung），这是尼采从《圣经》中借用来的一对核心概念，尼采要祝福教士们所诅咒的，而要诅咒他们所祝福的，这也正是他的“重估一切价值”。在尼采妹妹所主持的版本中，这个副标题一直都被隐藏起来了，与之紧密相关、措辞极为激烈的全文最后一节（§62）在第一版中也遭到了删除。文中还有许多这种不甚起眼却“别有用意”的词语，有待读者的留心和会意。我在翻译时尽可能明确地译出这些词语，有些也标出了原文或者做了注释，但都未加详解，因为对于这些词语，不同的解释者可能有些不同的看法，译者过多的解释反而会干扰读者的阅读、压缩读者的理解空间。当然，另一方面，如果没有注解，这些词语在非原文的语境中是很容易被忽略的，对于这样的文本

来说，没有适当的注解也就没有尽到翻译的责任。而事实上每一种翻译都已经有了一种理解掺入其中，力求忠实谈何容易，这是翻译的困难，也是翻译的微妙处吧。

在1888年11月26日致朋友保罗·杜伊生(Paul Deussen)的信中，尼采用“敌基督者”般的口吻写道：“——我向你保证，我有改变纪元的力量。当今站立的一切无不倾倒在地，我毋宁是炸药，而非人。——我的《重估一切价值》已经完成，主标题为‘敌基督者’。未来两年我所要做的，是让这本书翻译成7种语言；每一种语言的第一版大约在一百万册。”[1]尼采在《敌基督者》中展现了一种世界宗教和世界文化的视野，他甚至有意地抬高了东方而贬低了西方，可他的文字无疑处在西方的思想脉络当中，他的“大政治”首先针对的仍然是西方的文化问题，他的目标读者首先也仍然是欧洲的自由精神们。无需多说，汉语自然不在这7种语言之列[2]。然而，在一百多年后的今天，东方岂不是越来越像西方？或者，无论东方西方，我们在何种意义上依然是尼采的同时代人？或者已经属于他的“后天”？或者，在那种爆炸性的、意欲改变历史的激情消散之后，这本书的核心问题才渐渐地凸显了出来？尼采的《敌基督者》才不再受缚于这种“敌对”，才不局限于基督教的语境，才获得了超越时代的思想意义？希望这个新译本的推出能够有助于我们重新思考这些切身的问题。

---

① Nitzsche, *Sämtliche Briefe*, *Kritische Studienausgabe in 8 Bänden*, hrsg. von Giorgio Colli und Mazzino Montinari, München, 1988, Band8, S. 491—492.

② 值得注意的是，尼采在《敌基督者》中不仅论述了佛陀和穆罕默德，他还用老子来类比耶稣的“不落言筌”(§32)，将孔子与柏拉图并列为大立法者(§55)。

最后，要感谢我的导师孙周兴教授多年来的教诲和信任。大约五年前，孙老师的翻译课让我第一次惊讶不已地体会到了翻译的严谨和微妙，其中仿佛有着一种手工活的魅力，切磋琢磨之间有理有据，也有分寸需要拿捏。这份惊讶和喜悦一直伴随着我，希望它也能渗透在我的译文之中。感谢徐卫翔教授帮我翻译了编注中的两处法语，并将陈君华老师的译本借我参阅。感谢祁祺在寒冷的季节仍然牺牲许多时间为我认真校对了一遍，感谢汪丽娟又从编辑的角度帮我校读了一遍。她们已经帮我纠正了许多错漏之处，可译无止境，译者能力也有限，若有不当乃至错讹，敬请读者批评指正。

2012 年 10 月 8 日记于慕尼黑

卡尔·弗里德里希·冯·西门子基金会

图书在版编目(CIP)数据

敌基督者：对基督教的诅咒/(德)尼采著；余明锋译. —北京：商务印书馆，2017
(汉译世界学术名著丛书：120年纪念版：珍藏本)
ISBN 978-7-100-14280-9

Ⅰ. ①敌… Ⅱ. ①尼… ②余… Ⅲ. ①基督教—研究 Ⅳ. ①B978

中国版本图书馆CIP数据核字(2017)第139302号

汉译世界学术名著丛书
(120年纪念版·珍藏本)
敌基督者
——对基督教的诅咒
〔德〕尼采 著
余明锋 译
孙周兴 校

商务印书馆出版
(北京王府井大街36号 邮政编码100710)
商务印书馆发行
北京冠中印刷厂印刷
ISBN 978-7-100-14280-9

2017年12月第1版 开本710×1000 1/16
2017年12月北京第1次印刷 印张8¼
定价：42.00元